KB063539

새로운 독재와 싸울 때다

새로운 독재와 싸울 때다

제1판 제1쇄 발행일 2014년 5월 18일

제1판 제2쇄 발행일 2015년 12월 25일

글 | 김인국, 손석춘

기획 | 손석춘, 지승호, 책도둑(박정훈, 박정식, 김민호)

디자인 | 이안디자인

펴낸이 | 김은지

펴낸곳 | 철수와영희

등록번호 | 제319-2005-42호

주소 | 서울시 마포구 월드컵로 65, 302호 (망원동, 양경회관)

전화 | (02)332-0815

팩스 | (02)6091-0815

전자우편 | chulsu815@hanmail.net

ISBN 978-89-93463-55-2 03300

철수와영희 출판사는 '어린이' 철수와 영희, '어른' 철수와 영희에게 도움 되는
책을 펴내기 위해 노력하고 있습니다.

02

새로운 독재와 싸울 때다

천주교정의구현 전국사제단 이야기

김인국과 손석춘의 대자보

철수와영희

스승이요 어머니인 교회

세간의 형편에 대해서는 맹꽁이나 다름없던 제가 천주교정의구현 전국사제단의 일원으로서 터득한 세상사의 이치 하나가 있습니다. 강자들의 동맹은 너무나 막강하고, 약자들의 연대는 터무니없이 연약하더라는 사실입니다. 하나마나 한 소리지만 어쨌든 그렇습니다. 앞에서 끌어주고 뒤에서 밀어주는 '정(政)·재(財)·관(官)·학(學)·언(言)'의 오각동맹은 그 어떤 충격에도 꿈쩍 않는 철옹성이었던 반면 연민을 기초로 뭉치는 못난이들의 연대는 눈물이 날 정도로 너무나 가냘팠습니다. 고도로 훈련된 무사의 철권과 어린아이의 고사리손이 맞붙어 싸우는 격이니 결과는 언제나 같았습니다. 이기는 쪽은 매번 이겼고, 지는 쪽은 늘 눈물을 훔쳤습니다.

교회는 동맹과 연대 그 중간에 서서 양쪽을 바라봅니다. 정도의 차이는 있습니다만 이쪽저쪽 안타깝기는 매한가지입니다. 어느 한 쪽도 미워하거나 포기할 수 없습니다. 동맹이든 연대든 그 안에 든 것은 결국 사람이니까요. 교회는 양쪽 모두 사람답도록 도와야 할 사명을 느낍니다. 그런데 성경은 강한 쪽은 누르고, 약한 쪽은 들어 높이는 억강부약(抑强扶弱)을 사회적 치유책으로 제시합니다. 높은 언덕은 깎아내리고 골짜기는 메우라는 말씀이 바로 그것입니다. 그래야 사람과 사람이 평화롭게 오갈 길이 된다는 것이지요. 지금처럼 높아지는 쪽은 자꾸만 높아지고, 낮은 쪽은 갈수록 낮아지기만 해서는 모두가 파멸로 치닫기 때문입니다. 물론 힘으로 밀어붙일 일은 아닙니다. 손으로 살살 어루만지고 입으로 호호 불어서 바위를 고운 흙으로 만들듯 사람의 마음을 어르고 달래서 평평한 길을 내야 할 겁니다.

한편 교회는 '스승과 어머니'의 역할을 자신의 소명으로 받아들이고 있습니다. 따끔한 질책이 필요한 곳에서는 스승이 되고, 따뜻한 위로가 필요한 자리에서는 어머니가 되려고 하지요. 그러다 보면 병치레가 많은 막내를 편애하게 되고, 아무래도 장성한 큰자식에게는 잔소리를 늘어놓을 때가 많습니다. 이런 교회의 현실참여를 두고 세상은 둘로 갈립니다. 고맙다고도 하고 서운하다고도 합니다. 교회가 뭔데 세상사에 관여하느냐는 소리도 심심찮게 들립니다. 이해가 직결된 문제라서 그러시는 줄은 저희도 알고 있습니다. 정말 미안합니다. 영업을 방해해서!

　어쨌거나 교회가 바라는 바는 오직 한 가지, 세상 모든 사람들이 다투거나 미워하는 일 없이 다정하게 살아가자는 것입니다. 제발 아프게 때리고 찌르고, 뜨겁게 지져대지 말고 서로 도우며 착하게 살자는 것뿐입니다. 그런데 갈수록 형편이 고약해지고 있습니다. 환난상휼 정도의 인간적인 호소를 '종북좌파'의 불순망언으로 내모는 일이 아예 경향이 되어가고 있으니 말입니다. 그럴수록 교회는 스승과 어머니라는 자신의 정체에 충실할 수밖에 없습니다. 욕망 어린 동맹은 준엄하게 꾸짖고, 사랑 어린 연대는 한없이 보듬으면서 말입니다. 대통령 퇴진 주장을 두고도 말이 많더군요. 그래도 어쩔 수 없습니다. 불의가 권좌에 앉았다고 진리가 떠는 것은 아니니까요. 진리는 떠는 대신 불의를 심판해야 하거든요. 세월의 야속함 때문인지 '세월호'에 올랐던 많은 아이들이 돌아오지 못하고 있습니다. 이럴 때일수록 이 악물고 더욱 하나 되라는 하늘의 울부짖음을 듣고 있습니다. 연대의 자리에서 우리 서로 부둥켜안기로!

김인국 드림

왜 지금 '정의구현'인가?

정의구현사제단.

　그 이름 앞에 나는 부끄럽다. 명색이 언론개혁 운동가로 '행세'해온 내게 오늘의 언론 상황은 차마 마주하기 어려울 만큼 수치스럽다. 언론이 제구실을 못하는 상황에서 사제단 신부들의 강론은 우리가 지금 어디에 있는가를 날카롭게 깨우쳐준다.

　"정말 국정원의 대선개입이 없었습니까? 박근혜 후보가 국정원의 불법적인 지원, 부정한 방법 없이 정정당당하게 당선되었습니까? 우리가 철저한 조사와 해명, 사과를 요구하지 않았습니까?"

　2014년 3월 24일 '부정 불법 당선 대통령 박근혜 사퇴와 국정원 해체를 촉구하는 시국미사'에서 문규현 신부가 던진 질문은 비단 가톨릭 신자들만의 답을 요구하는 것이 아니다. 민주공화국 대한민국의 국민, 헌법이 명문화한 주권자라면 응당 대답해야 할 물음이다.

　물론, 가치 판단은 모든 독자의 몫이다. 관점의 다양성도 존중받아야 마땅하다. 하지만 관점을 세우고 가치 판단을 내리기 전에 전제되어야 할 것은 '사실 확인'이다. 국가정보원(국정원)이 2012년 12월 대통령 선거에서 무엇을 하였는가에 대해 사실을 직시할 필요가 있다.

　"민주당은 국정원이 대선에 개입한 사실과 인터넷 여론을 조작하고 있다는 제보를 받았다. 2012년 12월 12일 대선을 며칠 앞둔 때다. 민주당은 경찰과 선관위에 국정원 여직원 김 모 씨의 오피스텔 조사를 요구했다. 한밤에 일어난 이 사건은 대선의 핵으로 다가왔다. 그 후 대선 내내 국정원 여직원의 댓글 의혹이 큰 이슈였다. 2012년 12월 16일 대선 후보 TV 3차 토론에서 박근혜 후보와 문재인 후보는 국정원 여직원 의혹을 놓고 공방을 벌였다. 박근혜 후보는 국정원 여직원이 댓글을 달았는지 증거가 없는 걸로 나왔다며 문재인 후보를 공격했다. 경찰은 TV 토론이 끝난 직후인 밤 11시 갑자기 수사 결과를 발표한다. '국정원 김 씨의 댓글 흔적은 없었다, 김 씨는 무혐의'라는 것이다. 일요일 저녁, 그것도 한밤에 무슨 재난 사고나 폭탄 테러 사건도 아닌데, 경찰은 밤 11시에 수사 결과를 발표했던 것이다. 국정원은 12월 16일, 너무나 놀라운 신속성을 보여준다. 11시경 국정원 여직원 관련 경찰 수사 발표 후 11분 뒤에 보도자료를 배포한다. '민주당이 제기한 '국정원의 조직적 비방 댓글' 주장은 사실무근이다, 국가 정보기관을 정치적 목적으로 이용하는 일이 더 이상 반복돼서는 안 될 것'이라고 했다. 그러나 지금 어떠한가? 국정원 선거개입에 대한 불법 댓글이 2200만 개에 해당한다고 하지 않던가? 국군 사이버사령부 역시 국정원의 지원으로 불법적인 선거개입을 했다. 경찰까지 협조한다."

사실관계에 대한 문규현 신부의 깔끔한 정리다. 그래서다. 다시 묻고 싶다. 대통령 선거에 국정원을 비롯한 국가기관의 조직적 개입을 그냥 묻어도 좋은가.

정의구현사제단은 대통령 취임 1년을 맞아 박근혜의 정치적 기반인 부산에서 시국미사를 열었다. 부산교구 사제단의 요구 또한 군더더기 하나 없다.

"2013년 7월 25일 부산교구 사제들의 시국선언을 시작으로 한국 천주교 15개 교구 사제들과 수도자들이 한결같은 목소리로 국정원의 불법 선거개입에 대한 대통령의 사과를 비롯해서 대책 마련과 책임자 처벌을 주장해왔다. 우리는 기도와 인내로써 박근혜 대통령이 이 문제를 해결하고 사과하기를 진심으로 바랐다. 그러나 우리의 기도와 기대를 무너뜨리는 일이 계속되어왔다. 온갖 비겁한 방법으로 불법선거 수사팀을 와해시키고, '종북'이라는 낡은 이념의 틀로 국민과 민주주의를 겁박해왔다. 그 결과 와해된 수사팀은 확보한 증거조차도 법원에 제대로 제출하지 못했고, 정권의 눈치를 보는 사법부는 김용판 전 서울경찰청장에게 무죄를 선고했다. 이는 일반적인 상식과 양심을 뒤집는 비겁하고도 옳지 않은 일이었다. 진실을 알려야 하는 언론의 직무유기는 우리 사회를 이 지경으로 만든 가장 큰 공범이다."

물론, 정의구현사제단은 윤똑똑이들의 주장처럼 '민생'에 둔감하지 않다. 아니 '민생'의 엄중함을 누구보다 잘 알고 있다.

"박근혜 정부는 자신이 스스로 만들고 약속한 공약을 뒤집고 후퇴하는 것을 반복해왔다. 65세 이상 모든 어르신들에 대한 노령연금에 대한 공약은 그 시작에서부터 국민을 속이고 표를 얻기 위한 것임도 드러났다. 박근혜 정부의 민생과 복지에 대한 거의 모든 공약은 후퇴하거나 번복되었다. 박근혜와 새누리당이 말하는 복지와 인권, 민주주의는 오로지 정권을 잡기 위해 국민을 속이는 거짓말이었음이 만천하에 드러난 것이다. 박근혜와 새누리당은 불법적인 관권 부정선거로, 그리고 거짓과 속임수로 우리 국민의 민주주의와 복지를 도둑질해간 것이다."

사제단 신부들이 낱낱이 증언하고 있듯이 언론은 국정원의 대선개입이라는 반국가적 범죄를 외면하거나 되레 두둔하고 있다. 한국의 여론 시장을 독과점한 〈조선일보〉, 〈동아일보〉, 〈중앙일보〉 지면이 그러하고, 〈한국방송〉, 〈문화방송〉, 〈서울방송〉의 화면이 그러하다.

나는 가까운 미래에 한국 언론이 오늘의 추악한 모습을 회고하며 부끄러움에 젖을 수밖에 없으리라고 믿는다.

하지만 언론이 '민주주의 파괴의 공범'임을 새삼 고발하기 위해 이 책을 기획한 것은 아니다. 언론개혁 운동가로서 참담한 부끄러움을 사치스럽게 토로하기 위해서는 더욱 아니다. 그렇다고 정의구현사제단의 대통령 퇴진운동에 박수만 치기 위해서 기획하지도 않았다.

대자보를 기획한 절실한 이유는 정의구현사제단에 오히려 아쉬움이 짙어서였다. 사제단의 용기 있는 증언과 이어진 시국미사를 보며 어쩔 수 없이 든 의문은 다음과 같다.

첫째, 사제단이 2013년 11월에 박근혜 대통령의 퇴진을 요구한 것은 적실한가?
둘째, 퇴진 요구를 꼭 전주성당에서 시작해야 옳았을까?
셋째, 박창신 신부의 '연평도 발언'은 옳은가? 그 발언을 언론이 왜곡했다고만 비판하며 냉철하게 짚고 가지 않아도 좋은가?
넷째, 대통령의 임기가 아직 초반인데 앞으로 어떻게 퇴진운동을 벌여나갈 것인가?
다섯째, 프란치스코 교황의 '새로운 독재' 비판에 가톨릭은 어떻게 부응할 것인가?

질문이 다소 껄끄러울 수 있다. 정의구현사제단 신부들이 오해는 하지 않겠지만, 저 눈부신 시국미사 행보에 자칫 '딴죽걸기'로 비칠 수도 있다.

그래서다. 조금이라도 안면이 있어 편한 마음으로 대화를 나눌 수 있는 신부를 찾았다. 정의구현사제단 창립부터 열정을 쏟아온 함세웅 원로신부가 가장 먼저 떠올랐지만, 그분과는 이미 2012년 대선을 앞두고 『껍데기는 가라』라는 대담집을 출간했다. 고심할 때 한국 기독교를 비판한 『기자와 목사 두 바보 이야기』의 출간 뒤 조촐한 저녁 자리에서 만났던 김인국 신부가 떠올랐다.

김 신부는 정의구현사제단의 전국 총무를 역임했고, 삼성 이건희의 비자금을 검찰에 고발한 사건은 물론, 서울 용산의 철거민 참사 현장, 쌍용자동차 노동자들의 대한문 앞 농성현장을 비롯해 고통 받는 민중과 더불어 줄기차게 활동해 온 신부다. 정의구현사제단 신부들의 모습을 보며 사제의 꿈을 키운 분이기에 더 의미를 담을 수 있다고 판단했다.

김 신부가 머무는 충청북도 옥천성당으로 가는 길은 을씨년스러운 봄날이었다. 하지만 이윽고 도착한 성당은 아름다웠다.

손석춘 드림

1부
102년 만의 시국선언

정의구현사제단에 대한 집중포화

손석춘: 오랜만입니다, 신부님. 우리 사회의 낮은 곳과 험한 곳에서 열정적으로 일해오셨지요. 정의구현사제단이 2013년 겨울부터 '박근혜 대통령 퇴진운동'을 벌여가면서 한국 사회에 파문을 던지고 있습니다. 어떠신가요? 퇴진운동을 전격 내걸었는데….

> **김인국**: "박근혜 씨, 그만 퇴진하시오!" 작년 11월 22일 전주교구 시국기도회에서 터져 나온 이 한마디에 한국 사회 전체가 요동친 느낌입니다. 청와대는 물론이고 시민사회도 크게 당황하였습니다. 교회 내부의 반응도 크게 다르지 않았습니다. 시국기도회를 열어야 하는데 선뜻 성당 문을 열어주려는 곳이 없더라니까요.

손석춘: 시국기도회를 열겠다는데 성당을 내주지 않는 곳도 있었어요?

> **김인국**: 네. 사람들 모이기 좋고 주차하기 좋은 성당들 다 놔두고, 변두리에 있는 좁고 옹색한 성당에서 주로 기도회가 열렸습니다. 대통령 퇴진 공론화가 평신도들은 말할 것도 없고 사목자들에게도 부담스럽기는 마찬가지였던 모양입니다. 아무래도 입장에 따라 공동체가 갈라지기 마련이니까요. 그런데 주목할 만한 사실은 그 어느 때보다 사제와 수도자들의 반응이 적극적이고 뜨겁다는 점입니다. 기도회가 거듭할수록 기세가 높아지고 있습니다. 대부분 신부님들, 수녀님들의 입장은 같습니다. 신부들이 시작한 일인데 엉뚱하게도 수녀님들이 봉변을 겪고 있습니다. 수녀님들은 신분이 드러나니까 길에서 크고 작은 봉변을 당하는 경우가 종종 생기고 있습니다. 신부들은 남자이기도 하고 알아보기도 힘드니까 함부로 못 하고….

손석춘 : 수녀님들이 봉변을 당한다는 말씀은 처음 듣습니다. 어떤 일이 있었나요?

김인국 : 네, 서울에서는 수녀님들이 지하철 안에서 봉변을 당했다는 사례가 여러 차례 있었다고 하고, 그래서 전국수도장상연합회에서 주의를 당부하는 공문이 발표되기도 했어요. 우리 수녀님도 비 오는 날 옥천역에서 성당으로 돌아오는 길에 "야, 너 좀 서봐!" 하는 고함을 들었대요. 수녀님이 깜짝 놀라서 보니까 어떤 남자가 막대기로 우산을 내리치면서 "너희들은 조용히 못 해? 시끄럽단 말이야!" 했답니다. 키 작은 수녀님은 쭈그러진 우산을 들고 성당에 오면서 살다 살다 별일 다 겪는다고 하셨습니다.

손석춘 : 거리에서 수녀님께 저지른 그런 폭력 행위는 그냥 지나칠 수 없는, 결코 일어나서는 안 될 사건인데요.

김인국: 누구에게라도 그런 일이 있으면 안 되지요.

손석춘 : 시국미사로 성직자, 수도자들이 봉변을 당한 사례가 또 있는지 우리 모두 상황을 공유해야 할 것 같은데요. 아시는 게 있으면 더 소개해주시죠.

김인국: 서울에서 그런 비슷한 일들이 많았다고 들었어요. 수녀님들이 자꾸 그런 일을 당하니까 기도회에 나오는 일도 자꾸 위축되고요. 그러니까 어느 할아버지 신부님은 "박해 시대에는 목숨까지 내놓고 살았는데 아, 그 정도는 뭐 달게 겪어야지." 하셨습니다만 미안하고 안쓰럽지요.

손석춘 : 그렇군요. 하지만 그냥 넘길 사안이 아닌 것은 분명해 보여요. 이 나라의 민주주의를 위해서도 그렇죠. 그런데 행인들 아닌 신

자들, 성당에 나오는 교인들 반응은 어떤가요? 성당이 놓인 지역에 따라 아무래도 차이가 있겠지만, 어떠셨어요? 여기 옥천성당도 쉽지 않은 지역에 있는데요.

김인국: 대통령을 선두로 신문·방송에서 사제단에 집중포화를 한창 퍼붓던 날이었는데 가까운 성당 신부가 전화해서 한걱정을 합디다. 몇몇 교우들이 찾아와서 "이번 주일 추수감사 미사에 저희 구역 교우들은 성당에 나가지 않기로 했습니다." 했다는 거예요. 답답하고 딱했지만 순진한 시골 교우들의 눈과 귀를 가리는 언론 환경이 어떤지 새삼 실감했다고 한탄하더군요. 제가 일하고 있는 옥천성당의 경우에는 공동체 안에 무슨 분란이 생기지는 않았어요. 그런데 어디서고 대통령 퇴진이라는 사제단의 주장에, 특히 박창신 신부님의 발언이 크게 왜곡되는 바람에 얼굴 붉힌 사람들은 퍽 많았습니다. 지난 2월 9일에는 일명 '대수천', 대한민국수호 천주교인 모임이 고엽제전우회 병력을 이끌고 옥천성당에 왔어요. "빨갱이 김인국을 북한으로 추방하자", "정의구현사제단 종북좌파, 김인국은 천주교를 떠나라", "종북 사제 정치 사제 정의구현사제단은 천주교회를 떠나라." 이런 펼침막을 들고서 말입니다.

손석춘: 여기 옥천성당 앞에서 규탄 대회를 연 건가요?

김인국: 네. 자기들이 열렬히 지지하는 대통령인데 우리가 무효선언을 해버리니까 거의 광적인 반응을 보이더군요.

손석춘: 고엽제전우회 분들이 과거에 한겨레신문사까지 몰려와서 소란을 피웠던 적도 있어요.

김인국: 그랬지요. 기억납니다. 그 사람들은 고엽제 피해가 우리 때문에 생긴 줄 아는 걸까요? 우리가 자기들 월남에 보내고, 자기들 머

리 위에 살인적인 고엽제를 마구 뿌려서 그런 몹쓸 불행이 벌어졌다고 생각하는 것인지 물어보고 싶어요. 한겨레신문사에서도 고엽제 피해를 입은 분들을 위해서 많은 도움을 드린 걸로 알고 있는데요. 그렇죠?

손석춘: 네. 그랬었죠.

김인국: 신부들도 1993년 고엽제전우회가 창립되던 그즈음 그 사람들로부터 도와달라는 전화를 많이 받고 성심껏 도와드렸거든요. 인제 와서 그런 걸 알아달라는 것은 아니지만 좀 서운하긴 합니다.

손석춘: 그분들이 한겨레신문사를 에워싸고 돌을 던질 때, 저는 여론매체부장으로 일하고 있었는데요. 제 자리가 창문 옆이었거든요. 유리창이 짱돌에 박살 나더라고요. 그분들의 그런 행태를 보면 참 답답하죠. 사실 한겨레신문 기자들이야말로, 정의구현사제단이 그렇듯이 고엽제전우회를 비롯한 피해자들을 위해서 노력해왔는데, 떼지어 몰려와서 돌 던지는 모습을 보면서 당시, 그런 생각이 들더라고요. 신문사 밖으로 나가서 그분들과 정면으로 맞서볼까. 예수라면 그렇게 나가서 '평정'했을 것 아니겠어요. 그런데 아무래도 저는 안 되겠더군요. (웃음) 용기가 없는 거죠.

김인국: 예수님도 안 나가셨을 거예요. (웃음) 어디 말이 통해야지요. 그분들이 참 웃긴 게, 우리더러 자꾸만 사제복을 벗으라고 해요.

손석춘: 그런 말도 했었어요?

김인국: "정의구현사제단은 사제복을 벗어라!" 이게 단골 구호예요. 그러면서 자기들은 여태껏 군복을 안 벗어요. 팔십 노인들이 말입니다. 제대한 지가 벌써 오십 년이 넘는데! 그걸 보면서 저 사람들이 불

안해서 군복을 벗지 못하는구나 싶어서 마음이 아픕니다. 한국 사회에서 일단 군복을 입고 있으면 바보 취급을 받을지언정 적어도 배제의 비극은 면할 수 있잖아요.

손석춘: 사실 그분들은 어떻게 보면 그냥, 편하게 말씀을 드려보면 '눈먼 행렬'인데요. 정작 자신들을 고엽제에 노출시켜 고통스럽게 만든 세력이 이 나라의 기득권 세력인데, 그분들에게 어떻게 해야 진실을 알려드릴 수 있을까요? 그런 분들과 어떻게 이야기를 해야 하나요? 시도해보셨나요?

김인국: 아니요. 시위 현장에서 만나는 그들의 눈빛은 언제나 맹목적인 분노로 이글거리고 있어서 그럴 엄두도 내보지 못했습니다. 총만 쥐여 주면, 금방이라도 맹렬한 전사로 돌변할 것 같은 기세입니다.

손석춘: 한겨레신문사에 돌 던질 때도 그렇더라고요. 정말이지 나가서 정면으로 설득해볼까, 몇 번이나 생각이 들었는데 못 했어요. 창밖으로 보이는 그분들 표정들이 심상치 않았거든요.

김인국: 그 사람들, 평생 그렇게 살아왔으니 여간해서 세상 바라보는 눈이 바뀌지 않겠지요.

102년 만의 시국선언

손석춘: 그분들과 옥천에 사시는 분들은 다를 것 같은데요. 하지만 옥천은 박근혜 대통령에게 특별한 곳이지요. 어머니인 육영수의 고향이잖아요. 그런 연고도 많이 작용하는 것 같죠? 박근혜 퇴진에 대한 정서가 아무래도 좋지 않을 듯합니다.

    김인국: 울고불고 난리가 날까요? (웃음) 옥천은 지난 대선에서 타 지역에 비해 박근혜 지지율이 높았는데 순전히 '엄마' 덕분이죠. 육영수 씨는 가난하고 어렵던 시절 고향을 자주 찾아왔대요. 그때마다 시내를 한 바퀴 돌면서 아주 따뜻하게 고향 사람들 손을 일일이 잡아줬다는 거예요. 서슬 퍼런 독재자의 아내였지만 오히려 "얼마나 힘드냐?"고 정답게 인사하는 그 모습을 옥천 사람들은 지금도 잊지 못하고 있습니다. 이게 전부는 아니겠지만 사람을 마음 안에 이런 요소도 분명히 자리를 잡고 있구나 싶습니다.

손석춘: 물질적 이해관계도 있겠지요. 실제로 박정희 집권 시절에 옥천이 다른 지역들에 비해서 혜택도 받은 걸로 알고 있어요.

    김인국: 없지야 않았겠지만 박정희의 구미처럼 육영수의 옥천이 엄청나게 혜택을 입지는 않았습니다. 크게 눈에 뜨이는 것도 없고요.

손석춘: '본가'인 구미와는 차이가 있군요.[1] (웃음) 이제 본격적으로 정의구현사제단의 박근혜 대통령 퇴진운동을 짚어볼까요. 쉽지 않은 결정이었을 텐데 정의구현사제단 내부에서도 상당히 논쟁이 있었을 듯합니다.

    김인국: 논쟁이요? 없었습니다!

1) 옥천은 1개 읍과 8개 면으로 구성된 인구 5만 3000여 명의 작은 지역이다. 인근 영동군·보은군과 함께 하나의 선거구를 이룬다. 1988년 이후 7차례 총선에서 단 한 차례를 제외하고 민정당–새누리당, 자민련–자유선진당 후보가 국회의원이 됐다. 한 차례 예외는 이른바 탄핵 사태 직후인 2004년 17대 총선으로, 당시에는 열린우리당 후보가 당선했다. '육영수 씨 숭모제'가 열리는 지역으로 2011년 육영수 생가 복원 에는 국비와 도비, 군비를 합쳐 모두 36억 원이 투입됐다(《경향신문》 2012년 11월 25 일). 구미와 달리 옥천은 지역 시민운동이 활발하다. 대표적 운동이 2000년대 초반 안티조선 운동이다. 2000년 '조선일보 바로보기 옥천시민모임'이 출범한 이래 옥천 에서 해마다 '조선일보 반대 마라톤 대회'가 열렸다. 옥천은 한겨레신문 창간을 주도 한 청암 송건호의 고향이기도 하다.

손석춘: 아, 논쟁이 전혀 없었어요?

김인국: 박근혜 정부가 출범하던 작년 사제단의 관심은 온통 쌍용자 동차 해고 노동자들에게 쏠려 있었어요. 우리는 작년 4월부터 11월 까지 225일 동안 대한문 앞에서 노동자들과 매일 미사를 드리는 데 전심전력했기 때문에 국정원의 선거개입과 선거부정에 대해서는 고 민만 했지 이렇다 할 대응을 보이지는 못했어요. 그러다가 11월 22일 전주교구 수송동성당에서 열린 조촐한 시국기도회를 계기로 국면이 전환된 거지요. 약간 돌발적인 측면이 있어요.

손석춘: '돌발적'이라면, 사전에 합의된 건 아니었다는 말씀인가 요?

김인국: 네. 그 이전 사제단의 주장은 "국정원 해체, 민주주의 회복" 을 요구하는 수준이었습니다. 그때 우리의 요구는 **"첫째, 국정원은 자신이 얼마나 민주주의 존립을 위협하는 해악적 존재인지 스스로 증명하였다. 그러므로 더 이상 존립할 이유가 없다. 당장 해체되어야 한다. 둘째, 원세훈·김용판 등 국정원 사태와 관련된 모든 범법자들 은 엄중히 처벌되어야 한다. 셋째, 청와대는 법과 원칙에 따른 검찰 의 노력을 제지하려는 음모를 즉각 중단해야 한다. 죄를 덮기 위해 또 다른 죄를 부르는 것처럼 어리석은 일도 없다. 넷째, 박근혜 대통**

령은 이상의 불법을 깨끗이 정화한 다음 국민 앞에 정중하게 사과하고 새롭게 신임을 구하기 바란다. 그래야만 '바뀐' 통치자라는 오명을 씻을 수 있다."[2] 는 정도였어요.

2) 2014. 9. 23. 서울광장. 정의구현 전국사제단 시국기도회 성명서.

손석춘: 처음부터 박근혜 대통령에게 퇴진을 요구한 게 아니라는 말씀이죠.

김인국: 그렇습니다.

손석춘: 그리고 재신임을 받으라는 그 요구는 함께 결정한 거죠?

김인국: 네. 그러니까 박근혜 대통령은 국정원이 저지른 불법적인 선거 공작을 인정하고 사죄를 구한 후에, 어떤 방식으로든 재신임을 물어라 했으니까 이 정도면 대통령도 받아들일 만하다고 생각했습니다.

손석춘: 어떻게 보면 상생의 길을 제시한 거네요.

김인국: 네.

손석춘: 그런데 사제단이 제시한 상생의 해법이 묵살당한 거죠? 전혀 받아들이지 않았고요.

김인국: 사제단이 이런 해법을 제시하기 전에 이미 2013년 7월에 부산교구 사제단의 시국선언을 시작으로 전국 15개 교구에서 사제들이 일제히 시국선언을 발표했습니다. 보수적 성향의 대구대교구까지 102년 만에 처음으로 시국선언에 나섰고요. 그리고 9월 23일 천주교정의구현 전국사제단이 서울광장에서 개최한 '국가정보원 해

체와 민주주의 회복을 위한 전국 시국기도회'는 전국 15개 교구 사제들의 총의를 모아 최종적으로 호소하던 자리였던 겁니다. 하지만 박근혜 대통령은 천주교계의 요구를 철저하게 무시했습니다. 그 사람도 세례명이 '율리아나'인 천주교회 신자라면서 감히 신부님들의 말씀을 말이지요. (웃음)

그 미사 후에 우리는 다시 대한문 앞으로 돌아가 쌍용차 노동자들의 복직을 위해 기도하였고 한편으로는 묵묵히 대통령의 사과와 책임자 처벌을 기다렸습니다. 하지만 상황은 전혀 다른 쪽으로 흘러갔습니다. 집요한 수사 방해로 국가정보원 대선 여론조작의 진실은 묻혀버렸고, 그 대신 복지공약 폐기처분, 간첩 증거조작 등이 터져 나왔습니다. 그러다 11월 18일 대한문 매일미사를 마무리하게 되자 전주교구에서 기다렸다는 듯이 전격적으로 국정원 관련 시국기도회를 열기로 합니다. 대한문 미사를 마치고 헤어지면서 전주교구사제단 대표 신부님이 그러더라고요. "대통령더러 퇴진하라고 할 거야." 우리는 빙그레 웃었지요. 그동안 대통령이 보인 행태가 실망스러웠으니까요.

손석춘: 그렇게 퇴진 이야기가 시작된 건가요?

김인국: 그 월요일 밤 쌍용차 노동자들하고 229일간의 여정을 회상하는 뒤풀이가 있었고, 금요일에 전주교구사제단 시국기도회가 있었던 거예요. 우리는 '퇴진'이라는 용어에 대해서도 크게 고민을 하지 않았어요. 제아무리 대통령이라도 잘못을 고집하면 물러나라고 말하는 것이 충정이니까요. 노무현 대통령도 사제단에게 퇴진하라는 소리를 들었습니다. 그래도 사제들을 '종북'으로 몰거나 화를 내지 않았습니다. 그런데 대통령 선거 무효와 퇴진 주장은 어디로 사라지고, 박창신 신부님의 강론에서 "쏴요, 안 쏴요"가 나오면서 불똥이 엉뚱한 데로 튀었습니다.

'연평도 포격'을 둘러싼 논쟁

손석춘: 그런데 사실 아쉬운 점이 그 대목입니다. 박 신부님 강론 전문^(자료1)을 읽어보았는데, 연평도 대목만 없었다면 평생 민주화운동에 헌신해온 신부님다운 말씀이고 흠잡을 데가 없었거든요.

김인국: 기도회 다음 날이 연평도 포격 3주년이라는 점을 염두에 두고 그 말씀을 꺼내셨다고 합니다. 신문 · 방송에서 말씀의 취지를 악의적으로 왜곡하기도 했지만 결과적으로는 우리를 반대하는 사람들에게 언턱거리를 내준 측면도 없지 않습니다. 그 이후 사제단에게 퍼부어진 폭격을 양으로 따지면 아마 히로시마의 원폭쯤 되지 않을까 싶습니다. 실로 엄청났습니다. 아마 문규현 신부 방북 이래 처음이었을 겁니다. 하지만 신부들이 하려고 했던 말은 선거 무효, 대통령 퇴진 바로 이것이었습니다. 그 점을 바로잡기 위해 12월 4일 전국사제단이 성명서를 통해 전주교구 사제단의 입장을 지지한다고 발표하기에 이릅니다.

손석춘: 전주교구의 퇴진 주장을 이어받겠다는 성명서^(자료2)를 내는 과정에서 다른 의견은 전혀 없었어요? 만장일치였나요?

김인국: 전혀 없었습니다. 우리는 무거운 사안일수록 단순하게 접근합니다. 좌고우면 같은 거 잘 안 해요. 무슨 일을 하다가 고초가 생기면 우리더러 짊어지라는 십자가인가보다 하고 말지 그 이상의 말은 안 해요. (웃음)

손석춘: 결정은 그러면 어떻게 하세요? 서로 인터넷으로 연결되는 건가요?

김인국: 아뇨, 한 달에 한 번씩 모이는 운영위원회가 있고, 시간을 다툴 때는 서둘러 상임위원회를 열기도 합니다. 비상한 때에는 비상한 방식으로 모여서 결정합니다.

손석춘: 12월 4일 성명을 통해 사제단은 대통령 퇴진 미사를 계속해 나가기로 다짐한 거죠?

김인국: 그렇습니다. 대선 무효와 대통령 퇴진은 전주교구 사제단만의 뜻이 아니라 오롯이 전국사제단의 입장이라는 점을 12월 4일에 천명하였습니다. 그런데요, 정부와 여당, 그리고 보수 언론에서 한적한 시골 성당에서 열린 시국기도회에 왜 그렇게 맹렬하게 반응했는지 궁금합니다. 만일 대통령과 조중동 그리고 종편이 대범하게 '패스'해버렸다면 문제가 이렇게 커지지 않았을지도 몰라요. 어쨌든 지금 그분을 대통령으로 인정할 수 없다는 게 한국천주교회의 전반적인 흐름입니다. 이것은 전주교구 시국기도회가 불러온 생각지도 못한 결과예요. 우리가 생각하거나 예측하지 못한 의외성 혹은 돌발성이 많은 사건이었습니다. 하느님의 발길에 차여서 이런 일이 벌어졌구나 싶어서 놀랄 때가 많습니다.

운명적으로 주어진 때를 살았다

손석춘: 사실 세계사를 되짚어보면 돌발 사건이 혁명적 변화를 일으키는 사례들이 있어요. 하지만 신부님, 솔직히 말씀드리면 좀 아쉽기는 해요. 이를테면, 국정원의 대선개입 사건 같은 경우에도 사제단이 진상 규명 요구 운동을 더 벌여나가다가 불통하는 박근혜 대통령에 대한 비판 여론이 국민들 사이에 퍼져갈 때 퇴진이라는 얘기를 꺼내

면 어떨까 하는 그런 아쉬움은 있더라고요.

김인국: 정말 그럴까요? (웃음)

손석춘: 그런 이야기를 터놓고 나눠보고 싶습니다. 왜냐하면 대자보의 기획이 사람들에게 많이 읽히게 함으로써 동시대 사람들과 공감하자는 데 있거든요. 옳은 일이라면 가능한 한 더 많은 사람들이 같이 나설 수 있도록 하자는 취지입니다. 제가 말씀드린 '아쉬움'을 지닌 사람들에 대해서 어떻게 생각하시는지 논의를 진전시켜 보죠.

김인국: 네 물론 말씀하신 아쉬움은 충분히 이해합니다. 그런데 방금 의외성, 혹은 돌발성에 대해서 말씀드린 대로 저희는 치밀하게 설계된 시간보다 운명적으로 주어진 때를 더 많이 살았던 것 같습니다. 우리가 무엇을 준비하고 기획해서 일을 벌인 적은 별로 없었습니다. 갑자기 '쿵' 하고 떨어지는 그 무엇을 감당하고 부둥켜안는 식이지요. 저희는 그걸 "하느님이 정하신 때"에 이뤄지는 일이라고 짐작합니다만 세상에서 보면 서툴게 보일지도 몰라요. 한편으로 대중의 이해에 맞추어 진도를 나갔더라면 하는 아쉬움에는 이견이 좀 있습니다. 사람들이 지금 선거부정을 몰라서 안 움직이는 게 아닐 겁니다. 저마다 크고 작은 욕망 때문에 안정을 희구하고 있습니다. 그것은 지난 선거에서도 나타난 결과입니다. 자기 작은 이익만 지키면 내어줄 수 있는 것 다 내어주겠다는 게 지금 민심인데 저희가 그런 마음에 일일이 보조를 맞출 순 없어요. 우리는 대통령뿐 아니라 욕망을 덜어내지 못하는 눈먼 민심도 질타하고 싶었습니다.

손석춘: 그러시군요. 그런데 조금 더 구체적으로 이야기해보겠습니다. 박창신 신부님 강론인데요. 박 신부님은 민주화운동에도 헌신해오신 분이시죠. 하지만 말씀을 조금만 조심스럽게 하셨다면 좋았다는 생각이 어쩔 수 없이 들어요. 사제단의 퇴진운동에 흠을 잡으려고

혈안이 된 세력에게 '빌미'를 준 대목이 분명히 있거든요. 그 점 어떻게 보세요?

김인국: 저도 당황했고 공연히 빌미를 잡히셨구나 싶어서 원망스러웠지요.

손석춘: 저는 아직도 원망스러운데요. (웃음)

김인국: 성명서는 초안을 여럿이 검토하고 보완하는 작업을 거치지만 강론은 워낙 사제 개인에게 유보된 전권이라서 믿고 맡길 뿐 사전 검열 따위는 하지 않습니다. 하지만 옥에 티 같은 아쉬운 대목이 있었던 강론이라고 하더라도 그 원로 신부는 지금 한국의 민주주의를 나날이 유린하고 있는 정권에 대해 매서운 비판을 했던 것이고, 그에 대해서 수구 세력과 정부가 거두절미하고 이 발언 중에 나온 한마디 말을 꼬투리 잡아 과장되게 왜곡해 이적성 발언이라고 규탄했던 겁니다. 게다가 '종북 척결'이라는 상투적인 공격 논리를 꺼내 들었고요. 이 와중에 대통령까지 나서서 "묵과하지 않겠다"고 엄포를 놓은 것은 지금 '제 발 저린 도둑'이 누구인지 보여준 것이고요. 어쨌든 저도 신문·방송에서 하는 말을 듣고 무척 걱정하다가 사흘 후 〈CBS 김현정 뉴스쇼〉에서 박 신부님이 인터뷰하는 걸 들으면서 마음을 좀 놓았습니다.(자료3)

손석춘: 그러셨어요? 어떻게 풀리셨어요?

김인국: 제가 들어보니 그분은 영락없이 시골 노인이셨어요. 계산이 없고 앞뒤를 재지 않으며 단순하고 순박한 할아버지요. 논리가 탄탄한 논객도, 말솜씨 빼어난 달변가도 아니셨어요. 소박한 열정으로 "우리 역지사지해보자." 그런 호소를 하시더라고요. "일본이 독도 쏘면 우리가 가만히 있겠느냐? 당연히 쏴야지. 우리가 서해에 가서

전쟁 연습 하면서 자극하면 북에서 가만히 있겠느냐. 그런 점을 이해
해줘야지. 왜 자꾸 다툴 일을 만들어서 분쟁을 일으키려 하느냐. 또
그런 일을 벌여서 반대자들을 종북으로 몰아가는 것은 더 몹쓸 일이
다." 이런 얘기잖아요.

손석춘: 지금 신부님 말씀하신 그 수준으로만 말씀하셨다면 괜찮죠.
그런데 강론에선 조금 더 나가셨죠. (웃음) 박 신부의 발언 바로 다음
날 〈조선일보〉는 1면 머리기사로 올렸어요. 박 신부 발언을 인용한
거죠. 그러니까 정의구현사제단이 벌인 박근혜 퇴진운동보다 박 신
부의 발언만 독자들한테 각인되었습니다. 바로 저런 사람들이 대통
령 퇴진운동을 벌인다는 식으로 여론을 몰아가려는 의도이지요.

〈조선일보〉 2013년 11월 23일자 1면 표제는 길고 주 표제가 두 줄로 두툼했다. "NLL
서 韓美훈련 하면 쏴야죠 / 그것이 北韓의 연평도 포격" 주 표제 아래 "정의구현사제
단 전주교구 시국미사" "천안함 사건 北 소행 말도 안 돼" "朴 대통령 퇴진 MB 구속
주장도" 등의 표제를 달아 부각했다.

김인국: 아, 대통령 몰아내려는 사람들이란 게 저렇구나 하면서.

손석춘: 그래서 저는 안타까워요. 몹시. 어쨌든 사제단에 대한 오해
가 많이 생겼죠.

박창신 천주교정의구현
전주교구 원로사제 강론 전문

전주교구 원로사제 박창신 신부입니다. 어제 그제 강론 좀 해달라고 해서 갑자기 준비하느라 미처 할 말을 다 못 할지도 모르지만, 그래도 오늘 중요한 날이라 말하겠습니다. 지금 우리는 군산 수송동성당에서 시국미사를 바치고 있습니다. 이 미사가 전국에 퍼져 나라 안에 정의와 평화가 깃들 수 있도록 하고 하느님의 뜻이 이 땅 위에 충만하기를 바라면서 시국미사를 열심히 봉헌해야 합니다. 이 땅에는 법도 없고, 정의도 없고, 폭력적 불통의 힘만 있습니다. 그리하여 민생은 잃어가고 억지만 난무하는 어지러운 세상이 됐습니다. 우리의 미사가 간절해야 하고, 혼자 하는 기도가 아닌 여러 사람이 함께하는 기도가 돼야 합니다. 그래서 나라 전 지역에 퍼지는 미사가 됐으면 좋겠습니다. 우린 미사 중에 하느님의 어린양 세상의 죄를 없애시는 주님, 하고 기도를 합니다. 그리고 다음에 뭐라 그러냐 하면 주님 자비를 베푸소서, 주님 평화를 주소서 합니다. 이 기도가 현실을 떠난 영적인 기도가 아니라 우리가 사는 현실 안에서 그러니까, 국정원과 모든 국가기관의 대선 정치 개입으로 생긴 부정선거, 그로 인해 합법적이지 못한 대통령 당선으로 정권 교체의 꿈이 깨지는, 민주주의가 붕괴되고 무서운 유신시대로 복귀하고 있는 현실, 남과 북이 갈라져서 평화가 위협당하는 이 현실에서 하는 아주 간절한 미사 기도가 돼야 합니다.

기도문에서 어린양은 예수님이십니다. 세상의 죄는 세상을 꼬이게 하는 잘못된 권력, 그리고 부당한 재물과 그에 대한 교만입니다. 여기에서 교만은 외세와 독점자본입니다. 이 세상의 죄를 예수님의 어머니 마리아는 세례자 요한의 어머니 엘리자베스를 만난 자리에서 당신의 노래, 유명한 마리아 노래죠, 마리아 노래로 표현합니다.

"그분께서는 당신 팔로 권능을 펼치시어 마음속 생각이 교만한 자를 흩으시고 통치자들을 왕좌에서 끌어내리시고 부유한 자를 빈손으로 내치셨습니다"라며 세상의 죄가 무엇인지 노래하셨습니다. 정당성을 잃은 권력은 봉사하지 않는 권력입니다. 정당치 못한 부유함은 민중, 노동자·농민의 생업을 공격합니다.

부당한 권력과 잘못된 재물인 세상의 죄는 많은 사람들의 생존을 위협하고 인권을 침해하며 희망 없는 세상, 억압과 착취가 난무하는 세상을 만들어갑니다. 그런데 예수님을 믿는 신앙인들은 세상의 죄에 대해 관심이 없습니다. 죽은 다음에 천당만 가면 된다고 생각하는 것이 오늘날 우리들의 신앙입니다.

예수님은 세상을 어지럽게 하는 자들을 책망하시고 그 시대의 권력과 부유한 자들을 상대로 세상을 어지럽게 하는 자들을 책망하셨습니다. 그 결과 십자가의 사형수가 되셨습니다. 이것이 우리들의 신앙입니다. 예수님은 너희는 구름이 서쪽에서 올라오는 것을 보면 곧 비가 오겠다 말한다. 과연 그대로 된다. 너희는 남풍이 불면 더워지겠다고 말한다. 과연 그대로 된다. 그런데 위선자들아, 너희는 땅과 하늘의 징조는 풀이할 줄 알면서 이 시대는 어찌 풀이할 줄 모르냐. 이렇게 예수님은 질책하셨습니다. 이 시대의 징표를 알아라, 그런 것입니다. 우리는 마음의 양심을 보고 하느님을 찬미하고, 성경을 보고 하느님 말씀을 믿지만 시대의 징표는 말하지 않습니다. 교회가 예수님을 믿는 사람들이 예수님이 말하는 시대의 징표를 보지 않기 때문에 이 시대는 더 더러워졌습니다. 정말 더러워졌습니다. 우리 책임입니다. 그렇기 때문에 우리는 이 시대의 징표를 보자는 것입니다.

첫째. 시대의 징표 중에 제일 화나는 것은 '종북 몰이'입니다. 노동자 · 농민의 문제입니다. 오늘날 우리는 잘사는 나라에 산다고 합니다. OECD 국가 중의 하나라고 합니다. 정말 잘삽니다. 그러나 우리는 잘살지 못하는 게 있습니다. 누가 노동자가 되려고 합니까. 농민의 아들들이 장가를 갈 수 있습니까. 기업 하기 위해 산업화하기 위해서 노임을 적게 주고 비정규직으로 부려먹어야 하고, 농산물 가격을 올려주지 말아야 기업 하는 사람들이 기업이 잘 된다고 합니다. 싼 농산물을 갖고 기업을 하면서 이득을 남깁니다. 열 배 이득을 남깁니다. 농민들과 노동자는 이 시대에 정말 어렵습니다. 산업화를 위해 온몸을 바친 노동자 · 농민들인데 이들을 잘살게 해보자, 이들의 권리를 찾기 위해 정책을 해보자고 하면 그게 무엇이 되는지 아십니까. 그게 바로 빨갱이입니다. 노동운동 하면 빨갱이고, 농민운동 하면 빨갱이입니다. 잘살자고 하면 빨갱이고 좌파입니다. 이 말을 요즘 고상하게 해서 종북, 종북주의자라고 합니다. 북한이 노동자 · 농민을 중심으로 하는 정체이기 때문에 너희들은 북한과 닮았다 해서 종북주의자라고 그럽니다. 종북주의자가 적입니까. 노동자 · 농민이 적입니까. 지금 그것을 하는 겁니다. 종북주의자로 낙인을 찍으면 뇌가 반공으로 절어서 종북주의자? 빨갱이야? 그럼 죽여야지, 그 사람이 어떻게 정치를 해? 그 사람이 어떻게 대통령을 해? 이렇게 됩니다. 노동자 · 농민이 빨갱입니까? 우리나라 산업을 위해 몸바쳐 일했던 사람들입니다. 기업인들은 정부에서 돈을 대주고 해서 돈을 벌지만, 이들은 맨몸으로 우리나라를 일으킨 일꾼들입니다. 그들을 왜 종북주의자로 모냐 이겁니다. 이걸 대통령 선거 때 써먹었습니다. 정말 자기들이 어려우면 종북주의자로 이용합니다. 이걸 이용한 사건들이 많습니다.

또 다른 얘기를 하죠. 오늘날 우리 사회가 어떠냐. 우리 서민의 삶을 정치인들이 보호해줘야 합니다. 정치가 보호해주지 않으면 자본은 언제든지 잘못을 합니다. 시내에 목이 좋은 사거리 있잖아요. 장사가 잘되는데, 사업하는 사람이 1억에 전세를 얻습니다.

그런데 돈 있는 사람이 집주인을 찾아가서 2억에 전세를 할 테니 나를 줘요, 그럽니다. 그럼 집주인은 전세자한테 나 당신한테 2억 받아야 할 것 같아, 그래요. 전세자가 2억이 있으면 다행인데 2억이 없으면 목 좋은 곳 뺏기는 겁니다. 이것이 잘못된 재물입니다.

정치권에서 서민을 보호해주고 이것을 못 하게 해야 하는데 그렇지 않잖아요. 대형 마트, 기업형 슈퍼가 오늘날 우리 이웃의 삶을 빼앗고 있잖아요. 그걸 막는 대통령이 있으면 서민이 얼마나 좋겠냐.

박정희 쿠데타를 한 다음에 이병갑이, 이 사람이 이병철 형입니다. 1961년에 삼강아이스크림을 만들어요. 그때 온 시내에 아이스크림 공장이 정말 많았어요. 그런데 이병갑이 아이스크림을 잘 만들어서 공짜로 시식을 시켰어요. 3년이 되지 않아서 삼강아이스크림만 남고 모든 공장이 다 망하는 거예요. 서민 공장들은 다 망하는 겁니다. 부유한 자본이 서민을 잡아먹는 방법입니다.

이걸 정치가 막아줘야 하는데, 그래서 서민을 보호해줘야 하는데 대통령과 국회는 자본과 짝꿍이 돼서 서민을 보지 않아요. 그래서 대통령이 중요합니다. 기업을 살리고 서민을 죽이는 대통령을 뽑을 거냐. 서민을 살리는 대통령을 뽑을 거냐. 정권 교체는 굉장히 중요한 겁니다. 정권 교체가 이뤄져야 하는데 국정원이 대선개입을 한 겁니다.

어제까지 뭐 122만 건, 오늘 신문에는 청와대 누가 그 사이버사령부에 이렇게 사람들 대쳤다. 캐면 캘수록 대선 중립을 지켜야 할 이들이 엄청난 대선개입을 한 겁니다. 심지어는 국가보훈처까지 종북 몰이를 한 거예요. 이랬을 때 정권 교체가 이뤄지겠습니까. 여러분. 부정선거에 제대로 대처를 못하면 앞으로 정권 교체는 없습니다.

부정선거 백서가 있습니다. 컴퓨터로 개표 부정한 겁니다. 백서를 읽어보세요. 컴퓨터로 조작해서 선거를 했어요. 익산 선거구가 86인데 중앙선거구에 72개 표가 올라왔어요. 그런데 전체 투표인 수는 86과 72 똑같습니다. 그럼 맞은 겁니까? 안 맞은 겁니까?

이렇게 해서 우리 살림을 책임져야 할 대통령을 뽑을 수 있겠습니까. 이번 부정선거는 엄청난 문제입니다. 저는 오늘 부탁합니다. 재임 시에 국가정보원과 모든 국가기관에서 대선에 개입하도록 해준 이명박 대통령은 구속 수사해야 합니다. 지금 나라가 얼마나 시끄럽습니까. 정말 그때 그러지 말았어야 합니다. 그걸 이용한 박근혜는 퇴진해야 합니다.

그런데 우리가 퇴진하란다고 퇴진하겠어요. 송년홍 신부 같은 분은 잡아갈 테지요. 박 신부는 웃기게 만들 테지요. 우리는 약합니다. 약하기 때문에 이런 것을 자세히 알고 대통령이 우리 삶에 깊은 연관이 있다고 생각하고 좋은 대통령을 뽑아야 합니다. 김대중 때 복지정책을 많이 했잖아요. 김대중 때 남북화해 하도록 했잖아요.

이런 식으로 부정하게 대통령 돼서 재벌만 키운다면 권력과 잘못된 재물과 교만한 사람들이 세상을 어지럽게 합니다. 더 말할 게 있습니다. 종북주의 몰이가 어떻게 된 건가. 종북 몰이를 하기 위해서 북을 적으로 만드는 과정을 얘기해야 합니다. 북한은 6·25 전쟁 이후로 적이었습니다.

그러나 적을 이용해서 남한 노동자·농민, 북한과 비슷한 주장을 하는 남한 노동자·농민을 탄압하는 것은 이것은 어떤 것과 같나 하면, 예수님이 이런 말씀을 했습니다. 너희는 원수를 사랑해라. 저는 요즘 이걸 뭐로 묵상하느냐면, 어느 국가든지 원수가 있습니다. 오랑캐가 있고, 로마는 로마대로 미국은 미국대로. 남한은 북한이 적입니다. 원수를 만들어 놓고 그 원수를 빙자해서 자국 내에 있는 사람들을, 선량한 사람들을 치고받고 한다는 걸 이제 깨달았습니다. 지금 우리는 북한하고 적으로 (대결)해서는 안 됩니다. 남북 교류를 해야 합니다. 개성공단 잘되고 금강산도 잘되고 해서 철도로 러시아도 가고 유럽까지 우리 물품을 실어나르고 이것이 김대중 대통령의 머리였잖아요. 김정일 위원장 만났잖아요. 그때 6·15 공동선언을 했다. 우리 같이 살자. 통일 문제는 우리 민족끼리 하자. 평화 통일 하자. 그래서 금강산도 가고 개성공단도 노무현 때 열리고, 통일의 길과 화해의 길로 갑니다. 예수님의 말대로 원수를 사랑하라. 이해의 길로 가고, 화해의 길로 가는데, 천안함 사건이 났죠. 저는 항상 이런 생각을 해요. NLL 지역에서 한미 군사합동훈련을 한단 말예요. 군사훈련 하면 더 보초도 잘 서야 하고, 천 개 이상의 눈을 갖고 있다는 이지스함이 3대가 있는데 북한 함정이 와서 어뢰를 쏘고 갔다? 이게 이해가 됩니까. 북한은 굉장히 기술이 있네요. 세계를 정복할 수 있겠네요. (천안함 사건 나고) 처음에는 이명박 대통령이 나도 배를 만들어봐서 아는데 배가 누우면 끊어진다고 했거든요. 그때 그랬습니다. 일주일 지나니까 이것이 북한이 했다고 만드는 거예요. 왜냐 북한을 적으로 만들어야 종북 문제로 백성을 적으로 칠 수 있으니까 그런 겁니다. 여러분 NLL 아시죠. NLL이 뭐냐. 북방한계선입니다. NLL은 유엔군 사령관이 우리 쪽에서 북한에 가지 못하게 잠시 그어놓은 겁니다. 북한과 아무런 상관이 없고, 휴전협정하고도 관계가 없습니다. 군사분계선도 아닙니다. 해상에는 군사분계선이 없습니다. 북한에서는 우리 해상이다. 우리 해상인데 왜 너희들이 와서 훈련하느냐 그러는 겁니다. **하나 예를 듭니다. 독도는 어디 땅이에요? 우리 땅이죠. 일본이 자기 땅이라고 와서 독도에서 훈련하면 대통령이 어떻게 해야 합니까. 쏴버려야죠. 안 쏘면 대통령이 문제 있어요. 그럼, NLL이 문제 있는 땅에서 한미군사훈련을 계속하면 북에서 어떻게 해야겠어요? 쏴야지. 그것이 연평도 포격 사건입니다.** 그래놓고 북을 적으로 만들어놓고 선거에 이용하고 한 겁니다. 여러분 아십니까. 그래서 전 오늘 부탁합니다. 정말 이명박 대통령 책임져야 합니다. 박근혜 대통령은 대통령이 아닙니다. 책임져야 합니다.

자료2

정의구현사제단이 발표한 성명서 전문

〈11월 22일 천주교 정의구현 전주교구 사제단의 '불법 부정선거 규탄과 대통령 사퇴 촉구 시국미사 이후 현 시국에 대한 천주교 정의구현 전국사제단의 입장: 저항은 믿음의 맥박이다. "수치를 당할 자는 바로 그들이다."(이사야 66, 5)〉

1. 권력에 저항할 때마다 역사는 교회에 무거운 대가를 요구해왔다. 피로 얼룩진 순교 역사가 이를 단적으로 입증해준다. 그러나 불의에 대한 저항은 우리 믿음의 맥박과 같은 것이다. 시련은 교회의 영혼을 정화하고 내적으로 단련시켜준다. 늘 그랬듯이 우리는 가시밭길도 마다하지 않을 것이다. 하느님 나라를 꿈꾸며 살아가는 우리 사제들에게는 그것이 기쁨이며 당위다.

2. 봄부터 국가기관의 불법적 선거개입을 철저히 조사하고 책임자를 처벌하라는 각계각층의 요구가 빗발쳤다. 종교계도 마찬가지였다. 전국의 모든 교구가 나서서 문제의 국정원 개혁을 기도할 정도로 이 사안은 한국 천주교회의 무거운 근심거리이기도 했다. 천주교 정의구현 전국사제단 또한 진상 규명과 재신임 확인 등 합당한 정화의 과정을 통해 떳떳한 대통령으로 거듭나길 바란다고 충고한 바 있다(국정원 해체와 민주주의 회복을 위한 전국 시국기도회 2013. 9. 23). 하지만 대통령은 원칙에 충실했던 검찰총장과 수사팀장을 몰아내며 수사를 방해하였고, 국정원이 작성 유포한 수백만 건의 대선개입 댓글이 드러났어도 모르쇠로 일관하였다. 오히려 부정선거를 말하는 사람이면 누구나 이른바 '종북 몰이'의 먹잇감으로 삼았다.

3. 지난 11월 22일 천주교 전주교구 사제단의 시국기도회는 민주주의의 토대가 뿌리째 뽑혀나가고 있는 현실에 위기감을 느끼며 근본적 개선을 촉구하기 위해 마련한 자리였다. 그러나 대통령과 각료들, 여당은 강론의 취지를 왜곡하고 거기다가 이념의 굴레까지 뒤집어씌움으로써 한국 천주교회를 심히 모독하고 깊은 상처를 안겨주었다. 안타까운 일이다. 양심의 명령에 따른 사제들의 목소리를 빨갱이의 선동으로 몰고 가는 작태는 뒤가 구린 권력마다 지겹도록 반복해온 위기 대응 방식이었다. 여기에는 신문과 방송의 악의적 부화뇌동도 한몫을 하였다. 분명 한

국 언론사에 치욕스럽게 기록될 사건이다.

4. 천주교 정의구현 전국사제단은 부정선거 규탄과 대통령 사퇴를 주장한 전주교구 사제단의 요구를 존중하며 이를 사제단의 입장임을 밝히고자 한다. 이미 개신교, 불교, 원불교에 이어 천도교까지 관권 부정선거를 고백하고 대통령의 "책임 있는 결단"(천도교 선언문)을 촉구하고 나섰다. 시민사회와 종교계의 질책에도 아랑곳하지 않고 불통과 독선, 반대세력에 대한 탄압으로 일관하는 공포정치의 수명은 그리 길지 않다. 지금이라도 이 모든 것의 책임을 지고 스스로 물러남이 명예로운 일이다.

5. 선거부정의 책임을 묻는 일이 설령 고난을 초래하더라도 우리는 이 십자가를 외면하지 않을 것이다. "사제는 하느님을 체험한 예수 그리스도의 사람이다. 이 체험은 오직 십자가의 삶 안에서만 가능하다."(사제의 고백과 다짐) 시대의 불의를 목격하고도 침묵한다면 이는 사제의 직무유기요 자기부정이다. 최근에 나온 프란치스코 교황의 첫 권고문 『복음의 기쁨』이 누누이 강조하듯 교회의 사목은 고통받는 사람들과 함께 고통을 나누는 일이다. 사제는 바로 그 일의 제물이다.

6. 대림절은 새 하늘 새 땅을 기다리며 참회하고 속죄하는 정화의 시기다. 이 은총의 때에 다시 한 번 대통령과 정부 그리고 여당의 전면적인 회심을 촉구한다. 언제든, 누구에게나 닥칠 역사의 심판을 생각하며 약자들을 상대로 벌이고 있는 오늘의 참담한 행실을 뼈아프게 돌아보기 바란다. 유신독재의 비참한 결말은 모든 집권자에게 뼈아픈 교훈이다.

7. 불의에 맞서는 일에서 우리는 결코 물러서지 않을 것이다. 모든 사제와 수도자 그리고 교우들에게 오늘의 어두움을 이겨낼 기도를 부탁드린다.

자료3

CBS '김현정의 뉴스쇼' 법정제재 받았다

박 신부의 인터뷰를 방송했다는 이유로 국가기관의 제재를 받는 방송
현실은 한국 민주주의의 현실을 입증해준다. 〈미디어오늘〉 조수경 기자
의 다음 기사는 법정제재 과정의 내막을 자세하게 보여준다.

연평도 폭격 발언으로 논란이 된 천주교 정의구현사제단 소속 박창
신 신부를 인터뷰한 CBS 〈김현정의 뉴스쇼〉가 끝내 법정제재를 받았
다. 방송통신심의위원회(방송·통신심의위·위원장 박만)는 23일 전체
회의에서 CBS 〈김현정의 뉴스쇼〉가 방송심의규정 제9조 2항 공정성과
제14조 객관성을 위반했다며 '주의'를 결정했다. 여권 추천 위원들 가
운데 '관계자 징계 및 경고'를 낸 위원(권혁부 부위원장)도 있었지만, 박
만 위원장을 비롯한 엄광석, 박성희, 구종상, 최찬묵 위원 등 5인이 '주
의' 의견을 내어 다수결에 따라 '주의' 의견으로 모아졌다. 여당 추천
위원들은 "박창신 신부의 발언은 용인할 수 없다"라는 논리를 펼쳤고
야당 추천 위원들은 편파 심의라고 항의하며 이들 간 격렬한 논쟁이 일
어났지만 여야 '6대 3'의 벽은 견고했다. 여당 추천 위원들은 'NLL이
남북 합의가 아닌 유엔군 사령관이 일방적으로 그은 선', '대선은 정부
기관이 개입한 부정선거다', '개표 조작 증거가 나왔다'는 등 박 신부의
발언 전부를 "국기 문란"(엄광석 위원)이라며 문제 삼았다. 권혁부 부위
원장은 야권 추천의 김택곤 위원이 NLL에 대해 박 신부의 발언이 상식
적인 견해라고 말하자 "NLL을 부정하는 것이냐"라며 심의위원에 대해
서도 이념적 잣대를 들이댔다. 여당 추천의 박만 위원장은 "민주적 기본
질서를 존중하고 여론 형성에 이바지해야 할 방송은 남북문제에 대해
공정하고 객관적인 보도를 해야 한다"면서 "남북문제와 관련해 방송 진
행자가 인터뷰라는 형식 때문에 어쩔 수 없다고 변명하면서 특정인의 주
장을 그대로 소개하고 지지하는 태도는 그릇된 여론 형성을 조장할 우
려가 있으므로 극도로 자제해야 한다"고 말했다. 박 위원장은 이어 "진
행자가 공정한 시각에서 인터뷰를 진행하기보다는 박 신부의 발언을 긍
정적으로 확인하고 간접적으로 지지해 결과적으로 그 주장이 타당하다
는 이미지를 심어준 것이 아닌가 한다"면서 "박 신부가 단정적으로 진
술하도록 방치했고 그렇다면 이 프로그램은 방송 심의의 공정성과 객관
성을 위반했다고 볼 수 있다"고 말했다. 권혁부 부위원장은 "박 신부가

일방적인 허위 주장을 할 것임이 충분히 예상됨에도 반론없이 발언할 수 있게 한 것은 공정성 위반이며 사실이 아닌 허위 사실을 주장했기 때문에 객관성도 위반했다"고 주장했다. 권 부위원장은 박 신부의 발언을 언급하며 "공적 책임을 수행해야 할 방송사가 매우 공정하고도 객관적으로 접근해서 콘텐츠를 만들어야 함에도 그런 점들을 위반하고 있다"고 했다. 엄광석 위원은 "대한민국 국민의 발언이라고 믿을 수 없으며 북한의 주장을 되풀이한 말인데도 방송사가 그 부당성을 바로잡지 못한 실책이 매우 크다"면서 "진행자가 박 신부의 발언에 동조하는 듯한 태도를 보인 것도 문제가 크다"고 말했다. 야당 추천 위원들은 심의 잣대가 '이중적'이라고 강력하게 항의했다. 김택곤 상임위원은 "NLL 방송 심의 건은 모두 공교롭게도 정부의 정책에 부합하지 않는 야당에 대한 공격이 주된 내용이었고, 이에 대해서는 (행정지도인)'권고'나 '의견 제시'가 나왔다"면서 "근데 〈김현정의 뉴스쇼〉에는 왜 박창신 신부와 같은 사람이 나왔느냐고 하는데 중요한 이슈라면 언론사는 누구든지 부를 수 있다"고 말했다. 장낙인 위원은 박원순 서울시장 등에 대해 '종북 자치단체장'이라고 한 정미홍 전 아나운서를 출연시킨 종합편성채널에 대해서는 '의견 제시'로 끝낸 것을 두고 "심의 잣대가 다르다"고 반박했다. 장 위원은 "심의 잣대가 다르다면 우리 심의의 공정성에 대해 어떤 의미 부여할 수 있는지 생각하지 않을 수 없다"고 말했다. 여당 추천 위원들은 정 전 아나운서의 출연에 대해서는 "방송사의 편성권"이라는 논리를 폈다. 박경신 위원은 "정미홍 전 아나운서의 발언은 명백한 허위 사실이었지만 박창신 신부는 허위 사실을 말하지 않았고 누구도 모욕하지 않았다"면서 "누구나 알고 있는 군사 상식을 말한 것인데 불쾌하다고 해서 방송하면 안 된다고 하는 것은 방송심의를 사유화하는 것"이라고 비판했다. 야권 추천 위원들은 '문제없음' 의견을 냈다. (조수경 기자, 미디어오늘, 2014년 1월 23일, 자료제공: 〈미디어오늘〉)

2부
저항은 우리 모두의 책무

선거부정과 사제의 사명

손석춘 : 사제단은 손익계산을 잘 하지는 않는다는 말씀, 충분히 공감합니다. 그런데 '사제단에 대한 오해가 많이 생겼다'고 했는데, 그런 오해에 대해서는, 그렇게 오해하고 있는 사람들에 대해서는, 어떤 말씀을 해주고 싶으세요?

    김인국 : "우리 그렇게 나쁜 사람들 아니거든요." 하고 말할 수도 없고, 참… (웃음) 먼저 사제단이 그동안 걸어온 발자취를 먼저 보시라고 부탁드리고 싶습니다. 사제단 40년 역사에서 신부들이 사리사욕을 위해서 나선 적은 단 한 번도 없었노라고 말씀드릴 수 있습니다. 다시 복기를 해보자면 대통령은 전주교구 시국기도회를 두고 "혼란과 분열을 야기하는 행동"이라 했고, 총리는 "대한민국을 파괴하고 적에 동조하는 행위"라고 했습니다. 그리고 두 추기경의 비난이 이어졌습니다. 일선에서 물러난 정진석 추기경은 "그들은 거짓 예언자"라고 했고요, 염수정 추기경은 사제단의 주장을 "완전히 비이성적"이라고 했습니다. 그러고 보니 안팎으로 곱사등 신세가 됐습니다.

손석춘 : 사실 천안함에 대해서는 원인을 두고 논란이 있잖습니까. 아직 실체적 진실이 온전히 밝혀지지 않았다고 볼 수 있죠. 하지만 연평도는 다릅니다. 분명히 북이 포격을 가한 거거든요. 저는 어떤 이유에서든 북이 연평도를 포격한 걸 지지해서는 안 된다고 생각합니다. 만약 정의구현사제단이 박 신부와 같은 생각이 아니라면, 연평도 포격에 대해서 입장을 명확히 밝히고 가는 게 좋지 않았을까 그런 생각이 들더라고요.

    김인국 : 글쎄요, 청와대나 〈조선일보〉나 최초의 대통령 퇴진 주장을 초기에 봉쇄 진압하려고 달려들던 사람들인데 연평도 포격 발언이

아니었어도 어떻게든 다른 트집을 잡지 않았을까요. 다른 이야기지만 박창신 신부님은 이제 연세도 있으시고 사제단이 일하는 현장에 나오지 않은 세월이 좀 돼서 미처 의견을 나누지 못했습니다.

손석춘: 아, 그러세요?

김인국: 지금 사제단을 이끌고 있는 신부들이라면 강론에 사용할 문구나 비유를 정밀하게 고르고 다듬고 했을 거예요. 그렇다고 박 신부님의 원로 사목자의 사소한 실수를 침소봉대해서는 안 된다고 봅니다. 물론 저희는 저희대로 반성하도록 하겠습니다만.

손석춘: 정의구현사제단의 국정원 댓글에 대한 단호한 비판과 시국미사들이 정말 필요한 상황이었는데, 처음부터 '종북'으로 본질이 훼손된 채 전달되니까 아쉬움이 참 컸었어요. 그래서 지금 말씀 들어보면, 대통령 퇴진 운동과 관련해서는 돌발적인 움직임이 계기가 된 것 같은데요. 전주교구에서도 사전에 전국 사제단과 깊이 논의를 하지 않은 채 치고 나간 것 또한 아쉽지 않은가요? 현직 대통령의 퇴진을 요구하는 주장을 사제들이 하려면, 사전에 사제단에서 충분히 논의를 하고, 결정한 뒤에 치고 나가더라도 전주 쪽 말고 다른 쪽에서 치고 나갔으면, 가령 옥천도 좋고요. 아무튼 호남 쪽이 아닌 성당에서 치고 나갔으면 훨씬 여론이 좋았을 텐데요. 그런 것들도 저는 아쉬운 거거든요.

김인국: 작년 사제단은 두 가지를 놓고 고민했어요. 하나는 쌍용차 노동자들의 분향소가 있는 대한문을 지키는 일과 다른 하나는 국정원을 비롯한 국가기관의 대대적인 대선개입 등 민주주의의 붕괴 사태에 대응하는 일이었습니다. 어느 하나도 소홀히 할 수 없는 문제인데 몸은 하나란 말입니다. 대선 부정이 본격적으로 불거지기 전인 작년 4월 4일 새벽 쌍용차 분향소가 기습 철거를 당했습니다. 그래서

용산참사 때도 그랬지만 가만두고 볼 수가 없었어요. 그래서 거기 달려가서 며칠만이라도 지켜주자며 매일 미사를 시작했는데 그렇게 오랫동안 대한문 앞에 머물게 될 줄을 몰랐어요. 하루하루 동행하다 보니 노동자들과 미사를 드린 게 225일이 되었지요. 그러는 와중에 국정원의 선거부정이 눈덩이처럼 커지고 있었어요. 그래서 9월 23일 서울광장에서 국정원 해체를 위한 전국 시국기도회를 개최하기도 했던 것인데 일단 쌍용차 노동자들 곁을 지키는 일에 주력했습니다. 그러다가 11월 18일 쌍용차 해고 노동자들이 투쟁 거점을 평택으로 옮기면서 대한문 미사를 종료하게 되었고, 바로 그 주간 금요일에 그동안 꾹 참고 지냈던 대선 무효선언이 봇물처럼 터진 거예요. 그 바람에 좀 다듬어서 말하지 못한 아쉬움은 있어요. 그렇다고 "아, 좀 더 잘하지. 그게 뭐야." 하는 소리는 아무도 안 했어요. (웃음)

손석춘: 신부님들이니까 그러시는 것 같아요. 아까 손익계산 없이 하신다고 했죠? (웃음)

김인국: 네, 손해와 이익에 대해선 갑론을박하는 일이 거의 없습니다. 농부는 때가 되면 씨 뿌려야 하는 거고, 밭을 탓해도 안 되는 거고.

손석춘: 하지만 모든 일에는 때가 있는 건데요, 때라는 것도 무시할 수 없거든요.

김인국: 저희는 때가 되어 그렇게 했다고 봅니다. 기다릴 만큼 기다렸고요.

손석춘: 그러니까 저는 '세속'에 살고 있으니까요. 대통령 퇴진 주장이 일반 국민들의 눈높이에서는 좀 이르게 나오지 않았을까, 이런 생각이 들었고 지금도 그래요. 그렇게 말씀드리는 또 다른 이유가 있

는데요. 대통령 임기가 이제 막 1년 지난 거거든요. 앞으로 4년 남았는데, 어떻게 퇴진 운동을 계속 지속해나갈 생각인가요?

김인국 : 매사 사람들의 눈높이와 보폭에 맞추어 움직여야 한다는 점에는 동의하지만 이번에도 역시 그렇게 했어야 대통령 퇴진운동이 탄력을 받지 않았을까 하는 점에 대해서는 약간 다르게 생각합니다. 예를 들어서 이명박 정부가 4대강 사업을 강행할 때 사람들 대부분은 그게 해서는 안 될 일이라는 걸 알고 있었다고 봐요. 다들 알면서 자기 문제가 아니니까 침묵했던 겁니다. 대선 부정도 마찬가집니다. 무슨 일이 벌어졌는지 알 만한 사람들은 다 알고 있어요. 그런데 남의 일이라고 여기고 잠자코 있는 거지요. 함부로 살아도 제 이익만 지킬 수 있다면 된다는 마음이 너무나 커졌어요. 손 선생님의 지적을 명심하겠습니다만 사제들은 대중이 듣고 싶어 하는 말보다, 대중이 들어야 할 말을 해야 하는 운명이라서 너무 앞질러간다는 소리를 듣더라도 할 수 없습니다.

그리고 남은 4년을 어떻게 할 것이냐고 물으셨는데 그건 몰라요. 저희는 다만 "예." 할 것에 대해서 "예." 하고 "아니오." 할 것에 대해서는 "아니오." 하는 것뿐입니다. 언짢은 나무에선 언짢은 열매밖에 열리지 않아요. 성실한 열매를 원하면 언짢은 나무를 베어버리고 그 자리에 성실한 나무를 심어라, 민주주의를 원하면 민주주의를 존중하는 정부를 만들어라, 저희는 다만 그 정도의 말씀을 드리는 것입니다. 그런 말도 못하면 우리는 유령에 불과한 존재가 되고 맙니다.

지난 2월 28일 경부고속도로를 달리다가 저도 모르는 사이에 버스 전용차로를 침범했습니다. 불과 몇 분 달리지도 않았는데 냉큼 위반 사실 통지 및 과태료 부과, 사전 통지서가 날아왔어요. 벌금이 9만 원입니다. 9만 원! 보세요. 이거 뭐, 시민의 사소한 실수를 국가는 이런 식으로 신속하게 징벌합니다. 그러면 우리 시민들 입장에서도 국가권력을 휘두르는 자의 잘못은 그냥 두고 보면 되겠습니까. 위반 사실 통보하고, 벌금 물리고, 책임 묻고, 나아가선 사죄를 요구해야지요. 그런데 사람들이 그런 말을 못하고 있습니다. 세상 살아가는 시름에 겨워 그러시는 줄을 저희도 알아요. 그러니까 우리 사제들이라도 발언해야 하는 사명을 절실하게 느끼는 것입니다. 말씀의 봉사자인 우리마저 꿀 먹은 벙어리가 되면 하느님이 얼마나 슬퍼하시겠어요? 일제의 손에 조선이 망했을 때 그 많은 선비들이 어떻게 했나요? 매천 황현 선생은 "조선이 500년 동안 선비들을 키웠는데, 나 같은 사람 하나쯤은 있어야지." 하면서 자결을 하셨잖아요. 이 땅에 천주교인이 500만이 넘어요. 그러면 국가기구가 저지른 엄청난 부정과 불의에 대해서 불호령을 내려야지요. "이건 아니지!" 하고 말예요. 그 역할을 작년부터 우리 사제들이 한 겁니다.

우리의 일차 임무는 대선 무효, 대통령 해고를 선언하는 일입니다. 대통령이 스스로 물러나든 권좌를 고집하든 그것은 당사자가 알아서 할 일입니다. 그리고 하느님 앞에서 각자 심판받을 일입니다. 우리가 물리적으로 권력자를 잡아 끌어내리지는 않아요. 시민들에게도 시민으로서의 책임을 다하도록 촉구할 뿐이지 우리가 억지로 떠밀진 않아요. "동료 시민 여러분, 부정선거를 방관해선 안 됩니다." 이런 말을 들었으면 뭐라도 알아서 해야지요. 대통령이든 시민이든 나중에 역사의 법정 앞에서 책임져야 합니다. 얼마 전 성경에서 "소돔의 지도자들아, 들어라! 고모라의 백성들아, 들어라!"(이사야서 1장) 하는 대목을 읽고 놀랐어요. 소돔과 고모라는 타락할 대로 타락한 도시의 전형이잖아요. 그런데 지도자들을 "소돔의 지도자들아." 하고 꾸짖으면서 백성들을 두고서도 "고모라의 백성들아." 하고 질타를 한단 말입니다. 그러니까 하느님의 예언자는 지도자들의 부정부패와 사리사욕을 위한 권력 행사를 책망하는 동시에 백성들의 침묵과 방조를 불같이 나무랐던 겁니다. 백성이라고 힘없이 당하는 일방적인 피해자이기만 하지 않다는 거죠. 권력자들의 악행을 보았으면 대들어야 합니다. 지금 저희들은 사제 이전에 시민으로서의 의무를 하는 중이기도 합니다.

손석춘: 그렇군요. 잘 알겠습니다. 이제 가톨릭 성직 내부를 짚어볼까요. 염수정 주교, 당시에는 아직 추기경이 아니었지요. 염수정 주교가 정의구현사제단에 대해서 강도 높게 비판을 하며 개입했잖습니까. 어떻게 보셨어요?

정치 참여는 그리스도인의 의무

김인국: 염수정 서울대교구장께서 앞으로도 비슷한 문제를 종종 일으킬 것만 같은 불길한 예감이 듭니다. 사회 교리에 대한 그분의 관점이 독특해서 그렇습니다. 번번이 교회 문헌을 인용합니다만 건강부회하시는 경우가 많습니다.

손석춘: 염 교구장이 전주 시국미사 직후에 서울 명동성당에서 열린 '신앙의 해' 폐막 미사에서 강론을 했지요. 정의구현사제단을 비판하며 나름대로 근거를 대더군요. 정치 참여는 그리스도인의 의무지만, 가톨릭교회 교리서 2442항에서는 사제가 직접 정치적이고 사회적으로 개입하는 것을 금지하고 있다고 주장했지요. 이어 정치구조나 사회생활 조직에 직접 개입하는 것은 교회 사목자가 할 일이 아니라고 말했습니다.^(자료4) 요컨대 평신도들은 정치에 개입해도 되지만 사제들은 안 된다는 주장인데요. 거기에 대해서는 어떻게 봐야 옳을까요?

김인국: 이 문제에 답하기 전에 이야기의 맥락부터 잡고 가면 좋겠습니다. 서울교구장이 이런 말씀을 하는 시점은 얼마 전 자신이 추기경으로 내정되었다는 소식을 듣고 난 다음이었습니다. 자신이 추기경에 오르는 마당인데 교회가 권력과 불편한 관계에 놓이기를 바라

지 않지요. 조만간 교황을 만나러 로마에 가는데 한국 교회가 시끄러우면 그것도 곤란하잖아요. 모든 것이 원만하고 평온한 상태가 되도록 통제하고 싶은 생각이 굴뚝같았을 겁니다. 게다가 당시는 아직 수면 위로 떠오르지 않았지만 교황 방한도 추진 중이었는데 신부들이 집권 1년차 대통령을 정면으로 부정하고 나섰으니 이만저만 큰일이었겠습니까. 그런데 대통령이 발끈해서 직접 신부들의 기도회를 비난하고 나섰단 말예요. 그러니 불길이 더 번지기 전에 상황을 진화해야 할 필요성을 느꼈을 테고요. 그래서 "신부들이여, 철없이 굴지 마라." 하는 말씀을 점잖게 하느라고 사제의 직접적인 정치 개입을 금하는 교리서 조항을 들고 나온 거고요.

추기경의 말씀을 하나하나 따지기 전에 상식적으로 이런 점도 생각해보세요. 신부들이 정의구현 전국사제단이 창립되던 1974년 이래 세상 속으로 들어가 다양한 활동을 펼쳐왔습니다. 그런데요 만일 추기경의 말씀대로 사제들의 현실에 대한 적극적인 발언과 참여가 교회법에서 금지하는 일이라면 신부들이 그렇게 오랜 세월 한결같을 수 있었을까요? 한두 번이라면 몰라도. 사제단이 올해 40주년이에요. 사제단에 와보면 팔십 고령의 원로 신부부터 삼십 초반의 새파란 젊은 신부까지 다 있어요. 세대를 이어가며 만들어온 사제단의 참여 전통이 누가 애걸복걸한다고 되는 일이겠습니까. 교회가 가르치고, 성경의 정신이 요구하는 바이기 때문에 가시밭길이라도 신부들이 계속 모여드는 거예요. 신부들이 어떤 사람들인지 알면 추기경의 말씀이 얼마나 황당한 요구인지 알 수 있어요. 신부들은요, 백이면 백 모두 교회 규범에 고분고분한 사람들입니다. 양성 과정에서부터 교회 규범을 금과옥조로 받들도록 훈련된 사람들이거든요. 학기마다 엄격한 심사를 거쳐서 아니다 싶으면 가차없이 잘라버리는데 누가 감히 교회법을 거스릅니까. 못 그래요. 저부터도 그래요. 제가 얼마나 모범생인데요! (웃음)

손석춘: 그러신가요? (웃음)

김인국: 수도자들은 또 어떻습니까. 그분들은 우리보다 훨씬 엄격한 규칙 안에서 살아가는 분들입니다. 그런데도 용산, 대한문, 밀양, 강정으로 줄기차게 달려가고 있어요. 최근에는 그런 일로 법정에 선 수녀님도 있어요. 만일 사회참여가 수도 생활에서 금하는 일이라면 그분들 절대로 그렇게 안 합니다. 못 하는 게 아니라 안 해요. 결국 신부들이나 수도자들은 지금 교회가 인정하는 일종의 '폴리스 라인' 안에서 페어플레이를 펼치고 있다는 말씀입니다.

자, 그러면 추기경의 말씀을 한번 들여다보겠습니다. 항상 교회의 가르침을 인용하고 계시는데 그때마다 오묘한 왜곡이 작동하고 있어요.

먼저 **"그리스도인의 정치 참여는 일종의 의무지만, 사제가 직접 정치에 개입하는 것은 잘못된 일"**이라고 하셨는데 일단 마땅하고 옳은 말씀이라는 점을 인정합니다. 하지만 다음과 같은 일들이 사제의 정치 개입인가 하는 점을 먼저 따져봐야 합니다. 가령 백일하에 드러난 국가기관의 대대적인 대선개입 사실을 들어 사제단이 대선 무효를 주장하고, 민주주의에 심각한 비리와 해악을 저지른 국가정보원의 해체를 요구했는데 추기경은 이런 행위들이 교회가 금지시키는 직접적인 정치 개입에 해당한다고 말했거든요.

그런데 교회법이 성직자들에게 금하는 정치 행위는 구체적으로 다음의 세 가지 경우입니다. 첫째, 공직에 참여하거나 둘째, 정당 셋째, 노조에 가입하는 일입니다. 교회법 285조에 보면 **"성직자들은 국가권력의 행사에 참여하는 공직을 맡는 것이 금지된다"**고 나옵니다. 그리고 287조에는 **"그들은 정당이나 노동조합 지도층에서 능동적 역할을 맡지 말아야 한다"**고 나오고요. 그러면서도 **"교회의 관할권자의 판단에 따라 교회의 권리 수호나 공동선 증진을 위하여 요구되면 그러하지 아니하다"**(287조)는 예외 조항까지 마련해두고 있습니다. 왜 그러겠습니까. 직접적인 정치행위에 가담하지 않더라도 **"성직자들은 사람들 사이에 보전되어야 할 정의에 근거한 평화와 화합을 항상 최선을 다하여 조성하여야"**(285조) 할 사명과 책임만큼은 잊지 말라는 것입니다. 이와 같은 교회법의 취지를 반영해서 한국 천주교회가 마련한 '교구 사제사목지침'이 있어요. 이 문서의 31항은 사제들의 시민적 참여에 대해 이렇게 종합하고 있습니다.

"**시민으로서 사제들은 복음 정신과 사회 교리에 따라 시민 생활에 적극 참여하여야 할 의무**가 있으며, 지상 도시의 건설과 그 올바른 생활을 도와주어야 한다. 사목자들로서 **사제들은 사람들 사이에 보전되어야 할 정의에 근거한 평화와 화합을 항상 최선을 다하여 조성하여야 할 의무**를 느껴야 한다. (…) 다음과 같은 분야에 있어서, 교회법은 명확한 한계를 제시하고 있다. 사제들은 국가권력의 행사에 참여하는 공직을 맡는 것이 금지된다. 사제들은 자기 직권자의 허가 없이는 평신도들에게 속하는 재산의 관리 또는 결산 보고의 책임을 수반하는 세속 직무를 맡지 말아야 한다. (…) 사제들은 정당이나 노동조합 지도층에서 능동적인 역할을 맡지 말아야 한다. (그런데) 교회와 국가, 공동체의 선익을 위하여 이처럼 특별한 허가를 요구하는 활동의 하나에 사제가 참여하여야 한다면, 교구장 주교는 주교회의 판단기준에 따라 그리고 자기 교구 사제평의회의 의견을 청취한 다음에 오로지 한정된 기한으로써 이를 허가하여야 한다."

보세요. 어떻습니까. 사제의 직접적인 정치 참여를 금지하면서도 사회참여의 의무를 명시해두고 있습니다. 눈을 씻고 찾아봐도 사제의 사회적 발언을 정치 활동으로 규정하고 이를 금지하는 대목은 없단 말입니다. 교회는 오히려 그 반대로 가르칩니다. 다음 제가 읽어드리는 대목을 한번 들어보세요.

"어느 누구도 종교를 개인의 내밀한 영역으로 가두어야 한다고 요구할 수 없습니다. 종교는 국가 사회생활에 어떠한 영향도 미치지 말라고, 국가 사회 제도의 안녕에 관심을 갖지 말라고, 국민들에게 영향을 미치는 사건들에 대하여 의견을 표명하지 말라고, 그 어느 누구도 우리에게 요구할 수 없습니다."

이 말은 정의구현사제단의 주장이 아녜요. 바로 프란치스코 교황이 자신의 권고 『복음의 기쁨』 183항에서 하신 말씀입니다. 염 추기경의 주장대로라면 과거 김수환 추기경이 남긴 정치적인 발언들은 물론이고 매일같이 세계를 깜짝 놀라게 하는 교황의 메시지들도 하나같이 비난받아야 합니다. "통제받지 않는 자본주의는 새로운 독재"라느니 "동시대 현실을 분석하는 것은 비인간성의 시대로 접어드는 상황에서 우리 모두의 책무"라는 이런 말씀은 얼마나 정치적입니까! 그런데 더욱 한심한 일은 추기경의 사실에도 어긋난 이런 발언을 〈조선일보〉가 날름 받아서 자기 입맛에 따라 확대 재생산했다는 점입니다.

손석춘: 〈조선일보〉가 그냥 받은 게 아니라 대서특필했지요.(웃음)[3] 사실관계를 좀 더 따져볼까요. 염수정 교구장은 '사제의 직무와 생활지침 33항'을 들어 "정치나 생활 등에 적극적으로 개입함으로써 분열을 야기할 수 있음을 사제들에게 깊이 권고"했다는 건데요.

3) 〈조선일보〉는 염수정 주교의 발언을 1면 머리기사(2013년 11월 25일)로 올리고 표제를 "대주교의 쓴소리 '사제 정치 개입은 잘못'"이라고 보도했다. 2면에도 대한민국수호 천주교인 모임 김계춘 지도신부의 인터뷰를 게재했다. 〈중앙일보〉와 〈동아일보〉 또한 염수정 서울대교구장의 발언을 1면에 보도했다. 앞서 박 신부의 발언 또한 〈조선일보〉가 1면 머리로 편집한 사실에서 확인할 수 있듯이 박 신부의 '연평도 발언'만을 부각시키며 국가기관의 대선 불법 개입과 정의구현사제단의 대통령 퇴진운동은 의제화하지 않으려는 '정치적 판단'을 언론사가 하고 있는 셈이다.

김인국: '사제의 직무와 생활지침' 33항이 걱정하는 것은 앞에서 말씀드린 대로 국가기관의 종사자로서 실질적인 권력 행사에 가담하지 말라는 겁니다.

손석춘: 신부가 직업적 정치인이 되는 것을 금지한다는 얘기죠?

김인국: 그렇습니다. 그런데도 신부들이 예언자 정신에 기초한 사회적 발언을 내놓으면 마구잡이로 맹비난을 퍼붓습니다. 2007년 삼성 사태 때도 그랬고, 2009년 용산참사 때도 그랬고, 2010년 4대강 사업 반대 때도 그랬습니다. "신부들이 정치를 하고 있다. 그러려면 차

라리 옷 벗고 국회로 가라." 이런 소리는 귀에 딱지가 앉도록 들어온 지겨운 노래예요. 너희는 봐도 못 본 척, 들어도 못 들은 척, 알아도 모르는 척해라 이겁니다.

논란을 부른 추기경의 화법

손석춘: 문제는 염수정 교구장의 강론을 언론 통해 들은 사람들은 "아, 그렇구나." 싶을 거 아니겠어요? 염 교구장은 이렇게 얘기해요. 가톨릭 교리서 2442항을 제시하며 사제가 직접 정치적이고 사회적으로 개입하는 것을 금지한다고요. 그런데 '정치적, 사회적 개입'이라는 뜻이 정치인이 되지 말라는 뜻에 한정된다면, "정치인이 될 수 없다"고 규정하지 않았을까요?

김인국: 염 추기경은 교황의 말씀을 곧잘 인용합니다. "그리스도인에게 정치에 참여하는 것은 일종의 의무입니다. 우리 그리스도인들은 빌라도와 같은 행동, 손을 씻으며 뒤로 물러나는 짓을 할 수 없습니다. 우리는 정치에 참여해야만 합니다. 왜냐하면 정치란, 공동체적 선(善)을 공동선을 찾는 보다 특성화된 사랑의 한 표현이기 때문입니다. 정치에 참여하는 것이 공동선을 찾는 일 중 하나입니다. 공동체의 선을 위해 일하는 것은 우리 그리스도인에게 하나의 의무입니다."

그런데 결론에 가서는 교황과 전혀 다른 이야기를 합니다. 교리서의 이런 대목을 인용하면서 말입니다.

"정치 구조나 사회생활의 조직에 직접 개입하는 것은 교회 사목자들이 할 일이 아니다. 이 임무는 동료 시민들과 더불어 주도적으로 행동해야 하는 평신도들의 소명이다. 그리스도인다운 열정으로 현세적인 일들을 활성화하고 이를 위해 평화와 정의의 일꾼으로 행동

하는 것은 평신도의 의무이다."(가톨릭교회 교리서 2442항)

이 말만 똑 떼어놓고 보면 그럴듯하지요. 하지만 이 대목은 앞에서 말씀드린 교회법 285조의 부연 설명으로 보면 됩니다. 직접적인 정치 행위는 평신도들의 몫으로 돌리라는 것이지 그렇다고 사목자들이 현실과 거리를 두거나 방관하라는 말은 결코 아닙니다. 아니 국가 권력, 자본권력이 저지르는 무지막지한 폭력에 사람들이 여기저기서 죽어나가는 살벌한 현실에서 신부, 수녀들은 그냥 성당의 창틈으로만 내다보고 거기 맞서 싸우는 무거운 짐은 평신도들이 알아서 다 책임지라고요? 아니 그게 목자가 할 소리입니까? 삯꾼이라면 몰라도! 추기경의 억지를 지켜보기가 답답했는지 한겨레신문의 종교전문기자 조현이 교회법과 교리서를 해설하고 있더라고요.(자료5) 그 기사를 보면서 많이 부끄러웠습니다.

지금 염 추기경은 복음이 갖고 있는 현실적이고도 사회적인 측면을 포기하라고 강요하고 있습니다. 제가 보기에 추기경은 "육신도 없고, 십자가도 없는 순전히 영적인 그리스도를 원하는 사람들"(『복음의 기쁨』 88항)의 전형입니다. 만일 추기경이 바라는 대로 살아가게 되면 우리는 교황이 개탄해 마지않는, 타인의 고통에 공감하지 못하는 무관심의 세계화에 풍덩 빠지고 말 겁니다. 우리는 그렇게 살 수 없습니다.

한 가지 덧붙이자면 같은 교회 문헌, 같은 교리서, 같은 사목지침을 놓고 전혀 다른 해석이 나오는데 이것은 어제오늘의 일이 아닙니다. 그런 사례가 성경에도 나옵니다. 같은 율법을 두고 바리사이(엄격한 율법 해석과 실천을 내세우던 학파)와 예수의 해석은 판이하게 달랐습니다. 왜냐하면 바리사이들에게는 하느님 나라에 대한 전망이 없었기 때문입니다. 성경을 읽어보면 복음이 제안하는 것은 단순히 하느님과 개인적인 관계를 맺으라는 것만이 아니고요, 복음이 제안하는 것은 바로 하느님 나라입니다. 어떤 '좌파 신부'의 주장처럼 들리는지 모르겠지만 프란치스코 교황의 말씀입니다. 『복음의 기쁨』 180항에 나옵니다.

손석춘: 염 교구장은 추기경이 된 뒤 〈한겨레〉와의 인터뷰^(자료6)에서 그날의 강론이 정의구현사제단을 비판한 게 아니라고 주장했어요. 그러면서도 해석은 자유라는 모호한 답변을 했던데요. 어떻게 보아야 할까요?

김인국: 얼마나 정상적으로 진행된 인터뷰인지 모르겠습니다. 차분하게 이뤄진 것 같지도 않고요. 여간 조심하지 않으면 인터뷰 기사가 오해를 불러일으키기 쉽거든요. 그래서 인터뷰 본문만 놓고 뭐라고 말하기가 곤란해요. 보세요. 기자의 질문에 추기경이 동문서답 혹은 선문답을 하고 계시는 것으로 나와요. 그래도 기자가 그날의 인터뷰를 굴절 없이 있는 그대로 보도한 것으로 전제하고 말씀드려보지요.

먼저 추기경은 전주교구 시국기도회 이틀 후인 11월 24일자 자신의 강론이 국가기관의 선거개입을 두고 한 이야기가 아니었다고 말씀을 꺼냅니다. 그래서 기자가 일부 언론의 보도에선 사제들의 국가기관 대선개입 비판을 두고 추기경께서 문제를 제기한 것으로 해석했는데 어떻게 된 것이냐고 묻자 "그건 신문들이 쓴 거지 내가 한 게 아니다. 자꾸 그런 식으로 하는 것을 원치 않는다"고 다시 한 번 더 강하게 부정합니다. 아니다, 아니다, 이렇게 부정에 부정을 반복한 거지요. 그래서 기자가 "(그러면) 대선을 언급한 게 아니라는 말인가?" 하고 재차 확인에 들어가는데 "그거야 해석하기 따른 것이다"라며 말끝을 흐립니다. 글쎄요. 예스면 예스, 노면 노 해야 하는데 이상한 화법입니다. 사제가 정치인처럼 말하면 안 되지요. 마지막으로 기자가 "사제들이 현실적인 문제에 대해 발언하고 참여하는 것이 직접적인 정치 개입인가?"라고 돌직구를 던집니다. 인터뷰의 가장 핵심적인 물음이지요. 여기에 대해서도 "그건 기자들이 해석할 문제고, 나는 그런 식으로 얘기한 것이었다"고 합니다. 저는 이게 무슨 말씀인지 도무지 알아듣지 못하겠습니다. 왜 그렇게 중요한 문제를 아무 상관도 없는 기자들이 해석하도록 맡깁니까. 주교로서 자신의 생각을 밝혀야지요. 결국 두 번은 내 뜻이 아니라고 부정한 다음, 그렇다면 당신의 입장이 무엇이냐고 묻자 "해석하기 따른 것이다." "기자들이 해석할 문제다"며 꽁무니를 뺀 셈입니다. 주교는 신앙의 유권적 학자요 스승인데 그렇게 말씀을 흐리면 곤란합니다.

손석춘: 염 추기경은 또 정의구현사제단이 민주적 선거 절차를 무시하고 대통령 퇴진을 주장하는 것은 합리적이지 않다. 이렇게 주장했는데요. 여기에 대해서도 짚고 가죠.

김인국: 이탈리아어로 발행되는 바티칸 공식 일간지 〈로세르바토레 로마노〉(L'osservatore romano) 2월 20일자에 기사가 났더군요. 이 인터뷰도 말썽이 많았지요. 논란이 일자 부랴부랴 서울대교구청이 나서서 영어로 진행된 인터뷰를 이탈리아어로 번역하는 과정에서 오류가 발생했다면서 변명했습니다. "인터뷰 녹취록을 확인한 결과, 추기경이 '사제단 신부들의 생각이 완전히 비이성적'이라고 말한 부분은 '대통령의 퇴진을 주장하는 것은 합리적이지 않다'고 말한 것으로, 보도와는 거리가 있다"고 했습니다. "완전히 비이성적이다"와 "합리적이지 않다"와 얼마나 다른지 모르겠습니다. 그게 그거지, 그렇게 한다고 엎질러진 물을 주워담을 수 있나요.

역시 이번에도 기사에 오류가 없음을 전제로 (웃음) 살펴보겠습니다. 기자가 "한국에 민주주의가 들어섰는데도 사제단은 계속 집권 세력과 맞서고 있다"고 물었습니다. 기자의 질문부터가 고약하지요. 여기에 추기경이 사제단 신부들의 주장들은 완전히 비이성적인 것이라고 생각한다고 답해요. 기사 원문을 보면 "totalmente irragionevoli"라고 되어 있어요. 그러면서 "오늘날 우리는 민주주의 안에서 살고 있어서 통치자가 지지를 잃어버릴 경우 대중은 5년에 한 번씩 이를 바꿔버릴 기회를 가지고 있다"고 했습니다. 선거 절차에 입각해서 문제없이 치러졌으니 공정한 선거였다고 보신 거지요. 송구스럽습니다만 추기경은 현실을 제대로 보시지 못하는 것 같습니다. 속은 썩었는데 껍데기만 보고 좋다고 하시는 거지요. 외형상으로만 보면 1960년 3·15부정선거도 절차상 하자가 없는 선거였다는 말씀만 드립니다.

손석춘: 염 추기경이 국정원의 대선개입에 대해서 잘 모르시는 건가요? 아니면 알고도 그거는 중요하지 않다고 생각하는 건가요? 사실 염 추기경에게 물어봐야 할 질문이지만, 어떻게 생각하는 걸까, 궁금해요.

김인국: 몰라서 그러시는지 알고도 그러시는지 누가 알겠습니까.

손석춘: 정말 답답하고 궁금한데요, 가톨릭에선 왜 그런 분들이 계속 '높은 자리'로 올라가죠?

김인국: 권력이 권력을 관리하는 시스템 때문이라고 생각해요. 가톨릭교회에서 주교단은 가장 높은 권위를 행사하는 그룹인데 새 멤버를 채울 필요가 생길 때 자신들이 형성해놓은 기조에 변화를 시도할 만한 인재는 아무래도 기피할 겁니다. 문제의식이 충만한 신진보다 고분고분한 스타일을 선호하지요.

증오의 언어, 평화의 언어

손석춘: 프란치스코 교황이 들어선 뒤 그분의 행보에 고무되어 있는데요. (웃음) 가톨릭 조직을 말씀하신 대로 권력이 권력을 관리하는 방식으로만 이해한다면, 프란치스코 같은 분은 어떻게 교황이 된 걸까요.

김인국: 그러니까 이런 분이 가뭄에 콩 나듯 드물게 나오는 거 아닙니까. 그야말로 성령의 역사라고 해야지요. (웃음) 현 교황처럼 오랜 세월동안 준비되어 등장하는 경우도 있지만 자신이 던져진 상황 속에서 현실에 눈을 뜨는 분도 있습니다. 1980년 3월 24일 암살당하신 엘살바도르의 로메로 주교도 그랬고, 제주교구장 강우일 주교님의 경우도 그러지 않았나 싶습니다. 어쨌든 사회적으로 각성한 사람들을 부담스럽게 여기는 것만은 틀림없습니다.

손석춘: 그러면 프란치스코 교황은 라틴아메리카 상황이 한국하고는 다른 조건이기 때문에 주교가 되고 추기경이 되었다고 볼 수 있을까요? 그런데 과거에는 그분이 해방신학에 대해서는 거리를 두고 있었다는 얘기도 나오고요. 어떤가요?

김인국: 그런 이야기는 금시초문입니다. 자신을 지키기 위해 거리를 두었다고 보고 싶지는 않고요. 그보다는 그분이 현실 안으로 깊이 들어갔으면서도 다행히 결정적인 갈등을 일으킨 일이 없었으므로 교회의 중요 직책을 맡다가 그 자리에까지 갈 수 있었으리라고 생각합니다. 어쨌든 예수님이 오셔서 신학교에 들어가신다면 살아남기 어려우리라고 생각합니다.

손석춘: 예수가 요즘 태어났다면 신부가 되기도 어려웠다는 거죠.

사실 예수는 지상에 머물 때 당시 유대교 최고 성직자들과 정면으로 맞서며, 그들의 잘못을 날카롭게 비판했잖습니까?

김인국: 그렇습니다.

손석춘: 그럼 프란치스코 교황은 굉장히 낮은 자세로, 다른 뜻이 아니라, 온순하게 자기를 숨기고 있었던 그런 추기경이었다고 볼 수 있을까요?

김인국: 일부러 숨겼다고 보지는 않고요. 자신의 가치 때문에 세상과 정면으로 격돌하고 평지풍파를 일으켰던 경우가 많지 않았으므로 그런 인재가 살아남았던 것이라고 봅니다.

손석춘: 라틴아메리카에는 사실 일찍부터 '노출'된 신부님들이 많이 계신 거죠? 그런데 교황은 그런 신부는 아니었던 셈이네요. 아무튼 저만이 아니라 프란치스코 교황이 취임한 뒤 언행을 보면서 많은 사람들이 멋있고 당당하다고 생각하고 있습니다. 다만 어쩔 수 없이 이런 아쉬움이 듭니다. 한국에도 훌륭한 신부님들이 많이 계시는데 어째서 그런 분들은 추기경이 안 되는 걸까요? 어떻게 생각하세요.

김인국: 한국 천주교회의 역사가 200년이 넘었습니다. 그러면 그만한 인물이 나올 수 있는 토양이 돼야 하는데 안타깝습니다. 신라에 불교가 전래된 지 200여 년 지나 원효와 의상이 났고, 조선이 유교를 국가이념 삼아 건국한 지 200년쯤 되어 퇴계와 율곡이 나왔습니다. 한국 땅에 천주교가 전래된 지 200여 년이 지났는데 어떤 인물이 나왔는가 하고 물으면 뭐라고 해야 할지 모르겠습니다.

손석춘: 그러면 이건 500만 가톨릭 신도들의 문제이기도 한데요. 한국 가톨릭 교인들이 어떤 신앙생활을 하느냐가 중요하겠군요?

김인국: 한국 천주교회의 성장은 순교자들 덕분이라는 말을 많이 합니다. 창립 초기에 겪었던 끔찍한 박해가 신앙의 압축 성장, 압축 성숙의 계기가 되었다는 뜻인데 아직도 예수 그리스도 정신이 온전히 배어들고, 제대로 된 꽃을 피우려면 200년 가지고 안 되는가 봅니다. 500년, 1000년이 가야지요. 라틴아메리카 전통 안에서 프란치스코 교황 같은 인물이 등장하는 데도 많은 시간이 걸렸잖아요.

손석춘: 라틴아메리카는 가톨릭 인구가 상당히 많잖아요. 전체 신부님들 가운데 해방신학 계열이 몇 퍼센트 정도 되나요?

김인국: 글쎄요. 그런 통계가 있을까요. 모르겠어요.

손석춘: 한국은 어때요? 정의구현사제단 신부님들 같은 분들은 얼마나 계실까요?

김인국: 여러 가지 이유로 선뜻 행동에 나서지 않을 뿐, 사제단과 뜻을 나누는 심정적 지지자들은 칠팔 할 정도 된다고 봅니다.

손석춘: 그럼 그런 분들 중에서 주교가 나올 때도 됐잖아요.

김인국: 아까 말씀드렸잖아요. 권력이 권력을 관리 유지하는 방식이 그렇다고.

손석춘: 한국의 신부님들 70~80퍼센트가 정의구현사제단에 심정적으로 동조한다면 희망적인데요.

김인국: 사제단과 뜻과 마음을 나누는 지지자들이 어느 정도인지를 가늠해볼 수 있는 지표가 하나 있어요. 신부들의 칠팔 할은 〈한겨레〉 혹은 〈경향신문〉을 구독할 겁니다. 개중에 조중동을 보는 분들도 없

지 않지만 그런 이들은 대개 '독특한 사람' 대접을 받습니다.

손석춘 : 한국 가톨릭이 개신교와는 확실히 분위기가 달라 보여요.
실제로 개신교와 달리 가톨릭 인구가 계속 늘어나고 있죠?

김인국 : 외형상으로는 성장세지만 내용을 들여다보면 걱정도 많습
니다. 젊은이들이 성당에 나오지 않고 있고 주일미사 참석률도 점점
떨어지고 있다든가.

손석춘 : 그런데 말입니다. 로마교황청과 커뮤니케이션의 문제는 없
습니까? 로마교황청은, 프란치스코 교황은 제대로 뭔가를 해나가려
고 하는데, 한국은 도통 아니잖아요.

김인국 : 1958년 요한 23세 이후 오랜만에 이른바 개혁교황이 등장
한 셈인데 아직 1년밖에 되지 않았고, 가톨릭교회 덩치가 워낙 커서
쉽게 변하지 않아요. 새 교황이 나왔지만 구태에 찌든 사람들은 여전
히 곳곳에 포진하고 있습니다.

손석춘 : 저는 이 대담집이 교황청에도 갔으면 좋겠어요. 가톨릭 내
부 성직자도 좋고 평신도들도 좋고 누군가 내용을 요약해서 보고하
면 어떨까요.

김인국 : 우리를 반대하는 쪽에서는 다양한 채널을 갖추고 교황청에
많은 양의 정보를 일상적으로 제공하는 것으로 알고 있습니다. 안타
깝게도 우리는 그렇게 하고 있지 못합니다. 무슨 일이 터질 때마다 사
제단에 대해서 악의적인 이야기들은 계속 들어가고 있는데 말이죠.

손석춘 : 박창신 신부에 대한 얘기도 적극 이용했겠죠. 이를테면 북
이 남쪽 민간지역을 포격하는 거를 합리화했다, 그런 식으로 한국 상

황을 호도하지 않았을까요.

> **김인국**: 그래서 우리도 교황청과 적극적으로 소통해야겠다고 생각
> 하고 있습니다.

손석춘: 네 꼭 하세요. 소통이 중요합니다. 제가 대학에서 가르치는
게 소통장애거든요. (웃음)

> **김인국**: 그런 점에 눈뜬 지 얼마 되지 않아요. 몇 년 전부터 이걸 게
> 을리하면 안 되겠다는 생각을 했는데 우리를 이해해줄 만한 교황이
> 계시니 더욱 그래야겠습니다.

손석춘: 늦었지만 지금부터라도 정의구현사제단 차원에서 조직적
관심이 필요하다고 생각해요.

> **김인국**: 미흡하나마 중요한 성명서는 그때마다 영어로 번역해서 교
> 황청부터 해서 세계 여러 가톨릭 조직에 보내고 있습니다.

손석춘: 염 추기경 강론 가운데 한마디만 더 짚고 가죠. 신도들 앞에
서 "분열이나 모순, 모함이 아닌 화해와 이해, 용서와 사랑의 길"을
강조하거든요. 모르는 사람이 보면 정의구현사제단은 분열, 모함의
길로 가는 신부들이고, 추기경들은 교회 정신에 맞춰서 용서와 사랑
의 길을 간다고 읽힐 수도 있는데, 어떻게 보세요. 이 대담집을 읽는
독자들을 위해서라도 말씀해주시죠. 그분들이 말하는 용서와 사랑
의 길, 그런 담론을 어떻게 보아야 할까요.

> **김인국**: 분단 수구 세력이 뜬금없이 "통일은 대박." 하는 식이지요.
> 얼마 전 누가 기사 하나를 복사해서 주기에 봤더니 제목이 "증오의
> 언어, 평화의 언어로 바꾸자"예요. 올해 〈동아일보〉 1월 9일자에 실

린 차동엽 신부 인터뷰 기사였는데, 기자가 가톨릭 일부 사제는 대통령을 심판한다는 표현을 쓴다, 그래도 되느냐고 물으니 "정의를 말하면서 증오의 언어를 쓰면 그것은 정의에서 벗어난다고 생각한다. 정의를 말하기 전에 무엇보다 '두려운 성찰'이 필요하다"고 하면서 사제단의 선거 무효, 대통령 해임 선언을 점잖게 나무라더군요. "예수님은 심판하지 말라고 하셨다. 인간이 인간에 대해 가진 정보는 어느 경우에도 부족하기 때문이다. 사람이 사람 속을 어떻게 알겠나. 그래서 심판은 완전한 정보를 지닌 하느님의 것이다. 바로 정의의 이름으로 남을 함부로 판단할 수 없는 이유다"라고 하면서 말이지요. 반면 신년 기자회견에서 보인 대통령의 언어에 대해서는 "오랜 훈련으로 품격이 있는 편이고, 평화의 언어에 가깝지만 소통에는 문제가 있다고 본다. 소통의 출발은 경청이고, 내가 받아들일 수 없지만 너의 입장은 이해한다는 것이 사람들의 가슴속에 전달되어야 한다. 이런 면에서 아쉽다"고 했더군요. 추려서 말하면 '사제단은 증오의 언어, 대통령은 품격을 갖춘 평화의 언어', 이렇게 되는군요.

손석춘: 화가 치밀죠? (웃음)

김인국: 그냥 웃고 맙니다. 그 사람들은 뭐든지 딱 둘로 쪼개는 이분법에 도취되어 있어요. 우리는 평화의 언어, 너희는 증오의 언어. 사실 이런 자아도취 자체가 폭력적인 거지요. 살아가면서 따뜻하게 말해야 할 때도 있고, 매섭게 그리고 뜨겁게 말해야 할 때가 있습니다. 위로가 필요한 사람들에게는 어머니처럼 따뜻하게, 꾸중이 필요한 사람들에게는 엄한 스승처럼 매섭게 말해야지요. 그런데 저쪽 사람들은 그걸 거꾸로 하지 않나요? 있는 사람들 앞에서는 고운 미소로 살살거리고, 없는 사람들 앞에서는 무서운 얼굴로 추상같고.

자료4

2013년 11월 23일 서울 명동성당에서
염수정 대주교는 다음과 같이 강론했다

안녕하십니까? 주님의 은총과 축복을 빕니다. 오늘 우리는 신앙의 해 폐막미사를 봉헌하고 있습니다. (…) 신앙인 누구라도 신앙의 성숙을 위해 무엇보다 먼저 성경을 자주 읽고 묵상하면서, 꾸준히 기도하면서, 교회의 가르침을 충실히 배워야 합니다. 또한 미사에 성심껏 참석하면서 사랑의 봉사라는 열매를 맺어야 합니다. 그럴 때 비로소 우리는 신앙의 기쁨을 누릴 수 있을 것입니다. 그리고 무엇보다 중요한 것은 주님 없이는 아무것도 할 수 없다는 것입니다. 사랑의 봉사에는 여러 가지가 있습니다. 나눔과 자선이 대표적인 사랑의 봉사입니다. 또한 오늘은 우리 교구 전체가 필리핀인의 태풍으로 인한 피해 받은 것을 돕기 위해 모금을 하는 날입니다. 현대 사회에서는 정치 참여도 중요한 사랑의 봉사가 될 수 있습니다. 얼마 전 프란치스코 교황님께 교사이면서 예수회 회원인 한 젊은이가 질문을 했습니다. "우리들이 위태로운 이탈리아와 전 세계를 위해 어떻게 해야 합니까? 그리고 어떻게 해야 참된 예수회원이며 복음을 사는 사람이 될 수 있습니까?" 교황님은 다음과 같이 말씀하셨습니다. "그리스도인에게 정치에 참여하는 것은 일종의 의무입니다. 우리 그리스도인들은 빌라도와 같은 행동, 손을 씻으며 뒤로 물러나는 짓을 할 수 없습니다. 우리는 정치에 참여해야만 합니다. 왜냐하면 정치란, 공동체적 선(善)을, 공동선을 찾는 보다 특성화된 사랑의 한 표현이기 때문입니다. 정치에 참여하는 것이 공동선을 찾는 일 중 하나입니다. 공동체의 선을 위해 일하는 것은 우리 그리스도인에게 하나의 의무입니다. 자신의 일터에서 충실하게 일하는 것으로서 정치에 참여하는 것이 됩니다. 예를 들어 선생님은 충실한 선생님으로 정치가는 정치의 무대에서 자신의 충실한 삶을 사는 것입니다." 이 이야기를 평신도들이 주목하면 좋겠습니다. 평신도는 세상의 주역이기 때문입니다. 제2차 바티칸 공의회 평신도 교령에서도 평신도의 고유 영역은 세상으로써 현세의 질서를 개선하는 것이 고유임무이고 일상의 가정과 사회 속에서 정치인은 정치인으로 교사는 교사로서 자신의 삶을 통해 주님의 복음을 증거해야 합니다. 교회의 사제들은 복음 전파와 인간의 성화의 사명을 지닙니다. 사제는 말씀과 성사를 통해 신자들에게 도덕적 영성적인 도움을 주어야 합니다. 이는 평신도 교령에 나오는 말씀입니다. 가톨릭교회 교리서(2442항)에서는 사제가 직접 정치적이고 사회적으로 개입하는 것을 금지하고 있습니다. 정치 구조나 사회생활 조직에 직접 개입하는 것은 교회 사목자가 할 일이 아니며 이 임무를 주도적으로 행동하는 것은 평신도의 소명으로 강조하고 있습니다. 요한 바오로 2세 교황님이 발표한 "사제의 직무와 생활 지침"(33항)에서도 정치나 사회활동에 적극적으로 개입함으로써 교회적 친교의 분열을 야기할 수 있음을 경고하셨습니다. 사제들이 깊이 숙고해야 할 대목입니다. 프란치스코 교황님은 오늘날 세상에서 위기는 미사 참례율, 성사율, 교회에 대한 존경심이나 존중의 부족이 아니라, 인간 자체, 즉 하느님 없이 무엇인가를 하고자 하는 욕망이라고 지적합니다. 마치 나 자신이 하느님처럼 행동하고 판단하려는 교만과 독선이 더 문제가 됩니다. 그것은 바로 하느님을 인정하지 않으려는 것입니다. 이것이 바로 오늘날 신앙의 가장 큰 걸림돌입니다. 신앙인은 그리스도와 일치하여 그분을 닮고 그분과 하나 되어 그리스도의 복음을 알려야 합니다. 그것이 바로 이 세상과 이웃에 신앙을 고백하는 것입니다. 그러기 위해 우리 신앙인 각자가 먼저 그리스도에 의해 복음화되어야 합니다. 우리 평신도들은 삶의 현장에서 그리스도의 대표자로서 그리스도를 증거하는 삶을 살아야 합니다. 요즘 여러분들은 대단히 혼란스럽고 힘들 것입니다. 그러나 분명한 것은 우리가 어떤 상황 속에서도 흔들지 말고 오직 주님과 교회의 가르침을 충실히 따라서 가야 합니다. 그 길이 바로 진정으로 주님께 가는 길입니다. 그 길은 진리와 선함과 모든 사람이 공존하는 길입니다. 우리는 분열이나 모순, 모함이 아닌 화해와 이해, 용서와 사랑의 길입니다. 그런데 우리는 어떤 경우에도 사랑을 잊어서는 안 됩니다. 교황님은 회칙 '신앙의 빛'에서 어떤 경우에도 사랑을 강조하십니다. 사랑이 진리를 필요로 한다면 진리 또한 사랑을 필요로 합니다. 사랑과 진리는 서로 떼어놓을 수 없습니다. 진리는 사랑 없이는 차갑고, 비인간적이며, 일상의 삶을 답답하게 만들 수 있습니다. 우리가 찾는 진리, 우리 삶의 여정에 의미를 주는 진리는 사랑이 우리를 어루만질 때 비로소 빛을 줍니다. 사랑하는 이는 사랑이 진리의 체험입니다. 사랑받는 이와의 일치를 통해 현실을 새로운 방식으로 볼 수 있는 눈이 열린다는 것을 압니다(회칙 '신앙의 빛' 27항 일부). (…) 우리가 처한 각자의 자리에서 자신의 삶을 충실하게 살아야 하겠습니다.

자료5

교황청 사회교리, 사제의 '현실 참여' 보장

가톨릭 서울대교구장 염수정(70) 대주교는 지난 24일 서울 명동대성당에서 열린 '신앙의 해 폐막 미사'에서 "그리스도인의 정치 참여는 일종의 의무지만, 사제가 직접 정치에 개입하는 것은 잘못된 일"이라고 발언했다. 이를 두고 천주교정의구현사제단(사제단) 전주교구의 '박근혜 대통령 퇴진 촉구 미사'를 겨냥한 발언이란 분석이 나왔다. 그렇다면 전주교구 사제단의 시국미사와 발언을 '직접적인 정치 참여'로 볼 수 있을까. 염 대주교의 발언은 '가톨릭교회 교리서'를 근거로 하고 있다. 교리서의 '사제직무 생활지침' 285조는 '성직자들은 국가권력의 행사에 참여하는 공직을 맡는 것이 금지된다'고 규정하고 있다. 이어 287조는 '정당이나 노동조합 지도층에서 능동적 역할을 맡지 말아야 한다'고 돼 있다. 직접 개입이란 이렇듯 △공직을 맡는 것 △정당 가입 △노조 가입 등 세 가지에 대한 금지다. 이조차도 287조는 '다만 교회의 관할권자의 판단에 따라 교회의 권리 수호나 공동선 증진을 위하여 요구되면 그러하지 아니하다'고 해 교회 권리 수호나 공동선 증진을 위하는 것이라고 교구장이 판단하면 정당이나 노조에 가입할 수 있다는 단서를 달고 있다. 염 대주교가 이날 봉헌한 미사에서 기념한 '신앙의 해'는 그의 언급대로 제2차 바티칸공의회 개막 50돌이 되는 날인 동시에 '가톨릭교회 교리서'가 반포된 지 20돌인 2012년 10월 11일을 시작일로 삼았다. 제2차 바티칸공의회는 교회의 사명을 '인간의 존엄성을 증진하고, 인류 공동선을 실현하는 것'이라는 점을 사목 헌장에 못 박았다. 사목 헌장은 국가의 헌법처럼 가톨릭에서 최상의 권위를 가진 문헌이다. 인권과 정의·평등·평화 등의 가치가 가정과 사회, 국가에 스며들게 하는 것이 교회의 사명임을 분명히 한 것이다. 또 교황청 정의평화위원회가 반포한 사회교리 408항은 '교회는 민주주의를 높이 평가하는데, 이 체제는 시민들에게 정치적 결정에 참여할 중요한 결정을 부여하며, 피지배자들에게는 지배자들을 선택하거나 통제하고 필요한 경우에는 평화적으로 대치할 가능성을 보장해준다'고 돼 있다. 이처럼 가톨릭 사회교리는 사제나 평신도가 공동선인 인권과 민주화를 위해 반민주적 정권에 비폭력 방식으로 저항하는 등 현실에 적극 개입할 권리를 보장하고 있는 것이다. 한 신부는 "한국 가톨릭이 일제에 굴종해 '현실정치 참여 금지'라는 명목으로 전 국민이 참여하는 3·1운동에 사제와 신자들을 참여할 수 없게 해 시위에 가담한 신학생들을 퇴학시키고, 이토 히로부미를 심

59

판한 안중근 의사의 신자 자격을 박탈하고, 일본의 전쟁을 돕기 위해 종탑을 전쟁 무기 공장에 헌납하고, 독재정권에 아부하고 침묵한 것이 잘못인가, 무서운 정치권력에 맞서 자신의 희생을 각오하고 양심의 소리를 낸 것이 잘못인가"라고 물었다. 또 다른 신부는 "염 대주교의 발언은 시국발언과 시국미사를 통해 독재를 매섭게 질타한 선임자 김수환 추기경을 부정한 것과 다름없다"고 말했다. 김 추기경은 1971년 성탄 메시지에서 '국가보위에 관한 특별조치법'을 제정하려는 박정희 정권을 향해 "이 법은 북괴의 남침을 막기 위해서입니까, 아니면 국민의 양심적인 외침을 막기 위해서입니까"라고 물었다. 또 전두환 정권 말기 박종철 군이 고문으로 숨진 사건이 발생하자 "이 정권에 하느님이 두렵지도 않으냐고 묻고 싶습니다. 이 정권의 뿌리에 양심과 도덕이라는 게 있습니까. 총칼의 힘밖에는 없는 것 같습니다"라고 성토했다. 다른 교구에서 발생한 일에 대해선 가능하면 언급을 삼가는 가톨릭의 전통에 비춰 서울교구만을 관할하는 염 대주교의 발언이 이례적이라는 분석도 있다. 가톨릭의 조직을 보면 각 교구는 로마 교황청의 직계 조직이다. 한국 내 가톨릭 16개 교구는 '주교회의'라는 협의체로만 존재한다. 여기서 협의해 '주교회의 의장' 명의로 발표되는 것이 한국 가톨릭의 공식 의견이다. (조현 종교전문기자, 한겨레, 2013년 11월 26일. 자료제공: 〈한겨레〉)

1974년 7월23일 옛 중앙정보부로부터 소환을 통보받은 당시 천주교 원주대교구장 지학순 주교(맨 왼쪽)가 서울 명동 가톨릭회관(옛 성모병원) 앞마당에서 김수환 추기경(가운데)을 비롯한 성직자들이 지켜보는 가운데 '양심선언'을 발표하고 있다. 〈한겨레〉 자료사진

자료6

염 추기경은 2014년 1월 17일자에 실린 〈한겨레〉와의 인터뷰에서 2013년 11월 22일 열린 정의구현 전주교구 사제단의 '박근혜 대통령 퇴진 촉구 미사' 직후인 24일 서울 명동대성당 미사에서 "그리스도인의 정치 참여는 일종의 의무지만, 사제가 직접 정치에 개입하는 것은 잘못된 일"이라고 발언해 논란을 빚은 사실에 대해 다음과 같이 답했다. "국가기관의 선거개입을 두고 한 얘기가 아니었다. (당시 발언의 진의는) 연평도에서 희생된 분들이 있으니 그분들의 아픔을 같이해야 한다는 것이었다. 인간의 아픔을 같이해야 하니 (박창신 신부의 연평도 발언과 같은) 그런 말은 삼가고, 편 가르기는 안 된다는 거였다. 언론이 콘트라스트(대조)하는 거지, 난 그런 거 안 한다." 그런데 인터뷰 기자가 "일부 언론들은 사제들의 국가기관 대선개입 비판에 염 추기경이 문제를 제기한 것으로 해석하지 않았는가?"라고 묻자 "그건 신문들이 쓴 거지 내가 한 게 아니지 않은가. 자꾸 그런 식으로 하는 것을 원치 않는다"고 답했다. 이어 "대선은 언급한 게 아니라고 봐도 되나?"라는 물음에 "그거야 해석하기 따른 것이다"라고 짧게 말했다. "사제들이 현실적인 문제에 대해 발언하고 참여하는 것이 직접적인 정치 개입인가?"라는 물음에는 "그건 기자들이 해석할 문제고, 나는 그런 식으로 얘기한 것이었다. 올해 시성될 요한 23세 교황은 제2차 바티칸공의회를 연 분이다. 여러 공산권(나라들)과 터키, 파리 등에서 외교관 생활을 하며 다양한 사람들을 만난 분이다. 쿠바 미사일 배치를 놓고 (미국과 소련이) 전쟁 위기에 놓여 있을 때 '우리 시대는 선의를 가진 사람들이 대화를 해야 한다'며 '지상의 평화'란 회칙을 냈다. 그렇게 진리와 정의와 자유와 사랑을 갖고 해나가야 한다. 그런 것은 유효한 것 아닌가"라고 답했다.

3부
하느님과 재물을 함께 섬길 수는 없다

"더럽혀지는 교회가 되자"

손석춘: 사랑을 강조하는 염수정 추기경은 최근 일어난 세 모녀의 동반자살 앞에서 어떤 이야기를 할 수 있을까? 그런 의문이 들더군요.

김인국: 교회 지도자들의 언어가 이상한 별나라에서 들려오는 말처럼 알아듣기 힘들 때가 많습니다. 게다가 아주 무미건조하지요. 주교님들이 부활절과 성탄절이 되면 교우들에게 메시지를 보냅니다. 구구절절 지당한 말씀이긴 합니다만 사람 냄새가 나지 않아요. 메시지를 보낸 분이 알고 있는 한국은 참 아름다운 사회인가보다 하고 생각하게 됩니다. 세상은 온통 폭력으로 얼룩져 있는데 처음부터 끝까지 온통 '평화의 언어'뿐이에요. 저는 증오의 언어도 좀 듣고 싶은데. (웃음) 단적으로 자살률 세계 1위, 출산율 세계 꼴찌라면 이 나라가 얼마나 살기가 힘든 나라입니까. 경쟁사회, 피로사회, 염려사회, 살벌한 한국 사회에 대한 고민은 거의 담기지 않아요. 이런 지도자들을 위해 저도 교황님의 말씀을 인용해보겠습니다. "어떤 사람들은 전례, 교리, 교회의 특권에 지나치게 집착하는 모습을 보입니다. 그러면서도 복음이 하느님의 백성에게 그리고 현대의 구체적인 요구에 실제로 영향을 미치고 있는지에 대해서는 아무런 관심이 없습니다. 이렇게 하여 교회 생활은 박물관의 전시물이나 선택된 소수의 전유물이 되고 맙니다."(『복음의 기쁨』 95항) 교황은 이런 자세를 영적 세속성이라고 명명했습니다.

옛날이야기입니다만, 1997년 말 외환위기 사태가 나서 많은 사람들이 벼랑 끝에 몰리게 되어 울고불고하던 시절인데, 이듬해 1998년 신년 미사가 있었어요. 상황이 상황이니만큼 주교님이 무슨 말씀을 하실까 하고 속으로 기대했어요. 그런데 일자리를 잃는 사람이 부지기수다, 자살자가 속출하고 있다, 이런 이야기는 한마디도 안 하시고, 영국의 홍콩 반환으로 홍콩 교회의 앞날이 심히 걱정된다. 이런 말씀을 주로 하시더라고요. 그때 저는 절감했어요. 정말 저분은 우리와 다른 세상에 사는 분이로구나!

손석춘: 홍콩이 그분 관할인가요? (웃음)

김인국: 그럴 리가 있겠습니까마는 그분은 그게 더 큰 문제였던 모양입니다. 공장 문 닫는 사람, 일터에서 쫓겨나는 사람, 빚더미에 올라앉는 사람, 살 길이 막막한 사람이 부지기수인데 아들딸들아, 너희들 어떻게 사니? 이런 얘기를 안 하시더란 말입니다. 비행기로 달려도 족히 여섯 시간은 가야 하는 홍콩 교회는 걱정하면서. 저는 그게 이른바 '평화의 언어'의 민낯이라고 봐요.

교황청 문헌은 보통 초판 3000권을 찍습니다. 그러고 5년이 흘러야 겨우 소비가 될까 말까예요. 하지만 프란치스코 교황의 첫 작품인 『복음의 기쁨』은 벌써 2만 5000권이 팔렸다고 들었습니다. 사람들이 프란치스코 교황에게 왜 열광하겠어요? 그분이 구사하는 언어가 쉽고 단순하기 때문이에요. 그분은 청중을 정신없게 만드는 변화구보다 직구를 던져요. 누구에게도 오해의 여지를 남기지 않는 직설적인 언어로 말합니다. 에둘러 말하는 법도 없지요. 어느 정도냐면, 자기 안위만 신경 쓰는 폐쇄적인, 그래서 건강하지 못한 교회가 어디 교회이겠느냐. 나는 거리로 나가 다치고 상처받고 더럽혀지는 교회를 더 좋아한다. 중심이 되려고 노심초사하다가 집착과 절차의 거미줄에 사로잡히고 마는 교회는 원하지 않는다(『복음의 기쁨』 49항 참조)고 말할 정도예요. 그러면서 "이제 우리 밖으로 나갑시다." 하고 말합니다. 제 인생에서 성경 출애굽기의 주제를 이렇게 확실하게 말씀해준 목자는 이제껏 없었습니다.

손석춘: 더럽혀지는 교회가 되자, 참 의미 있는 말이네요.

김인국: "더럽혀지는 교회가 되자!" 이 시대에 이렇게 가슴을 울리는 말씀이 또 있을까요. 저는 묻고 싶어요. 교황의 이런 언어는 증오의 언어인가 아니면 평화의 언어인가?

교황의 권고 『복음의 기쁨』에 '트리클 다운'이라는 말도 나와요. 낙수효과, 그런 말에 더 이상 속지 말라고 시원시원하게 말씀하세요. 그러면서 자본주의의 탐욕과 폭력에 정면으로 맞서라는 가르침을 주신단 말이에요. 옛날 초기 교회는 로마의 평화(Pax Romana)는 순 가짜다. '그리스도의 평화'가 진짜다. 이렇게 가르쳤습니다. 오늘 교황님은 미국식 평화, 팍스 아메리카나(Pax Americana)에 맞서라고 하세요. 이게. 철저하게 골병든 자본주의 문명에 맞짱을 뜨라는 얘기거든요. 그런데 한국 번역본에는 이런 느낌이 상당히 톤 다운이 됐더라고요.

손석춘: 그래요? 왜 톤 다운 시켰을까요?

김인국: 워낙 사람들이 기다리고 기다리는 문헌이라 번역하는 데 꽤 공을 들였던 것으로 압니다만 저자인 교황의 사상에 깊이 공감하지는 못했던 것 같습니다. 가령 "이제 출발합시다. 가서 모든 사람에게 예수 그리스도의 생명을 전합시다. 거리로 나와 다치고 상처받고 더럽혀진 교회를 저는 더 좋아합니다"(49항)라는 대목이 있는데 "우리 밖으로 나갑시다"라고 하는 게 옳았어요. 영어에서는 "Let us go forth"라고 나오지만 영어판처럼 된 곳은 독일어판뿐이고("Eine Kirche im Aufbruch"), 나머지 이탈리아어판에서는 "una Chiesa in uscita", 불어판 "une église en sortie" 스페인어판 "una iglesia en salida", 포르투갈어판 "uma iglesia em saida"라고 해서 모두 "(자기로부터) 나가는 교회", 또는 "자기 밖으로 나가는 교회"라고 번역되어 있습니다.

손석춘: 그건 그냥 톤 다운 정도가 아닌데요.

김인국: '출발하자'는 것과 '밖으로 나가자는 것'은 근본적으로 다릅니다. 영화 〈설국열차〉에서도 송강호(남궁민수 역)가 봉기의 주역 커티스에게 그러잖아요. 우리가 열어야 할 문은 앞으로 나가는 문이 아니라 밖으로 나가는 문이라고요. 꼬리 칸에서 머리 칸으로 전진하는 것은 아무 쓸모가 없다고. 중요한 것은 죽음의 기차에서 탈출하는 것이라고. 교황이 말씀하신 "밖으로 나가자!"는 말씀은 이런 맥락에서 봐야 합니다.

그리고 교황은 마치 한국 교회의 상황을 내다보기라도 한 것처럼 "교회는 정의를 위한 투쟁에서 비켜서 있을 수 없으며 그래서도 안 됩니다"라고 하면서 "모든 그리스도인은, 또 사목자들은 더 나은 세계의 건설에 진력하라는 부르심을 받고 있습니다"라는 말씀도 하고 있습니다. (『복음의 기쁨』 183항)

손석춘: 프란치스코 교황이 사제들에 대해서도 명확하게 주문했군요.

김인국: 이렇게 또박또박 말씀하셨는데 추기경은 못 들은 체하십니다. 한국 교회만이 아니라 세계 교회의 상황이 그럴 거예요. 상층의 주교들은 시간아 흘러라 하면서 버티고, 바닥의 평신도들만 열심히 교황의 생각을 학습할 겁니다.

손석춘: 그런데 신부님, 교황 원고에 원래 날이 서 있는, 각이 서 있는 그런 이야기를 두루뭉술하게 완화시키는 것은, 그러면 안 되잖아요. 더구나 가톨릭에서 교황의 위상이 있는 건데요.

김인국: 그렇다고 악의가 담긴 왜곡이라고는 생각하지는 않습니다. 다만 이런 번역의 미진함은 교황의 생각을 미처 따라잡지 못하는 우리 수준을 보여주는 거지요.

손석춘: 나중에 혹시 문제가 되더라도 얼마든지 빠져나갈 수 있을
정도로 번역한 거라고 볼 수도 있겠어요.

김인국: 그런 똑똑한 의도가 숨어 있는지 모르지만 어쨌든 교황의
다급한 호소의 어감을 잘 살리지 못한 아쉬움이 큽니다.

손석춘: 이런 거 같아요. 똑똑한 군주 하나가 나타나서 나라를 잘 만
들려고 할 때, 따라오지 않는 귀족들이 있었거든요.

김인국: 잠자코 있지 않고 의도적으로 방향을 틀지요. 지금도 그렇
지만 조선시대에 군역제도의 대대적인 개선을 위해 호포제를 시행
하려고 했잖아요. 그때 양반 사대부들이 어떤 짓을 했는지 보세요.
별 해괴한 구실들을 지어내서 저항했습니다. 교회에도 그런 흐름이
있습니다.

손석춘: 프란치스코 교황이 새로운 면모를 많이 보여주셔서 기대해
도 좋은 듯한데요. 이분이 앞으로 꽤 오래도록 교황으로 활동해야
할 것 같아요. 건강은 좋아 보이죠?

김인국: 네, 많은 분들이 교회 쇄신을 위해 교황께서 오래오래 건강
하시도록 기도하고 있습니다. 자고로 개혁교황들의 생애는 짧았습
니다. 요한 23세, 워낙 고령이셨던 데다가 위암이 발병하시는 바람
에 재위 기간이 만 5년이 채 안 됩니다. 1962년 10월에 공의회를 개
막시켜놓고 이듬해 6월 돌아가셨단 말이에요. 이분이 정말 오래 사
셨더라면 하는 아쉬움이 큽니다. 그리고 요한 23세를 이어 공의회를
마무리 짓는 교황 바오로 6세가 등장하고, 그다음이 공의회의 두 교
황을 계승하겠다는 뜻으로 '요한과 바오로'라는 중복 이름을 선택
한 요한 바오로 1세입니다. 이분이 다시 한 번 교회를 일깨울 분이었
는데 그만 즉위 33일 만에 돌아가셨습니다. 의문투성이의 죽음이라

독살설까지 제기되었지요.

손석춘: 암살했다면 어디, CIA요?

김인국: 글쎄요….

손석춘: 아니면 교황청 내의 기득권 세력에 혐의를 두시나요?

김인국: 변화가 불편하고 개혁이 두려운 기득권 세력이 그랬는지 모르지요. 하지만 공식사인은 심장마비로 되어 있습니다.

손석춘: 프란치스코 교황도 사실 저는 조마조마해요. 누가 해치지 않을까. 알게 모르게 서서히 해칠 수도 있으니까요.

김인국: 세계인이 열광하고는 있습니다만 교황이 "만연한 부패와 이기적인 탈세"까지 구체적으로 언급하며 "신격화된 시장"의 폭력을 정면으로 때리는 마당이니까 오늘의 빌라도와 대사제들이 가만 두려고 하지 않겠지요. 어디선가 벼르고 있겠지요. 그래서 그러시는지 교황은 만나는 사람마다 "나를 위해 기도해 주세요." 하고 부탁하신 답니다.

손석춘: 미국 언론인들은 벌써 빨갱이로 몰아가잖아요.

김인국: 교황이 아직도 교황궁에 들어가지 않고 여러 신부들과 함께 게스트하우스에서 지내고 있습니다. 제가 보기에는 구중궁궐에 갇혀 세상과 영영 멀어질까 봐 안간힘을 쓰시는구나 싶던데요, 혹시 목숨이 위태로워서 그러는 게 아니냐고 하기도 하지만 그건 아무래도 억측 같습니다. 그보다 교황의 준비된 선택이라고 보는 게 낫습니다.

손석춘: 그렇게 보는 사람도 있어요? 그럴 정도예요?

> **김인국**: 가톨릭교회 역사상 현 교황처럼 가난한 이들을 위한 가난한 교회가 되어야 한다고 분명하게 주문한 분은 없었습니다. 사실 이게 성경의 예언자들이 목이 터지라고 외쳤고, 예수님이 가르치신 바인데도 말입니다. 정말 오랜만에 훌륭한 교황님이 나오셨는데 마귀들이라고 가만히 있겠느냐 하고 걱정하는 사람들이 많습니다.

세계인의 마음을 흔든 프란치스코 쇼크

손석춘: 프란치스코 교황에게 정말 제가 신선한 감동을 느낀 게 새로운 독재 이야기였어요.^(자료7) 규제 없는 자본주의는 독재라고 단언한 건데, 박근혜 대통령은 계속 규제를 풀겠다고, 암 덩어리니 뭐니 이렇게 얘기를 하고 있어요. 그 자본독재의 이야기를 신부님은 어떻게 보셨어요? 예상하셨어요? 그런 얘기 나왔을 때 감회가 남달랐을 것 같습니다.

> **김인국**: 경천동지(驚天動地)라는 말이 있잖아요. 깜짝 놀랐지요. 우리는 '문교부'의 은혜를 입으며 자라는 동안 자본주의에 대한 교육을 한 번도 받아본 적이 없는 세대인데 교황에게 그런 말씀을 들으니 놀랍지요.

손석춘: '자본주의'라는 말을 들어도 뭔가 거북하죠.

> **김인국**: 가톨릭의 사회교리는 자본주의를 중대 '사태'로 규정하면서 시작됐습니다. 1891년 교황 레오 13세가 낸 최초의 사회적 회칙

이 '새로운 사태'(Rerum Novarum)예요. 제 목만 봐도 교회가 자본주의의 폐해를 얼마나 심각하게 봤는지 알 수 있잖아요. 아무 일이나 '사태'라고 합니까. 아닙니다.

4) 1980년 4월 강원도 사북의 탄광 노동자와 가족들이 어용노조와 임금 소폭 인상에 항의하여 대규모 시위를 벌인 사건을 말한다.

1980년 4월에 강원도 사북에서 벌어진 일[4]이 '사태'였던 것처럼, 그해 5월에 광주에서 벌어진 일도 처음에는 '사태'라고 불렸던 것처럼, 자본주의를 사람 잡는 엄청난 사태라고 본 겁니다. 그때가 갑오년 동학농민전쟁 일어나기 3년 전이라고요. 그러니까 지금으로부터 123년 전에 이미 교회는 자본주의의 폐해를 걱정하기 시작했어요. 그런데 세계에서 가장 고약한 천민자본주의 체제 아래 살고 있는 우리는 자본주의에 대해서 아무런 성찰을 안 했어요. 오히려 그런 고민을 하는 사람들을 수상하고 불순하게 여겼고요. 그런데 새로 등장한 교황이 승자독식, 자본의 독주체제를 이대로 놔두면 인류 사회 자체가 멸절하게 되어 있다고 호소하고 나섰으니 우리로서는 깜짝 놀랄 밖에요.

사실 교회가 자본주의에 대해 거듭 고민하게 된 것은 오늘날 교회의 위기와도 무관하지 않습니다. 지금 유럽 교회의 주일미사 참석률이 3퍼센트 미만이에요. 신부들도 신자들도 늙어가고, 줄어가고, 성당은 텅텅 비어가고 있습니다. 이대로 가면 사라지는 거잖아요. 아, 이거 어떻게 해야 하나? 그래서 오래전부터 주교들이 모여서 유럽 사회의 재복음화를 고민했어요. 그러다가 '새로운 복음화'를 제창하였는데 새로운 복음화는 놀랍게도 '정의구현'을 의미한다고 했어요. 세상의 위기를 해소하는 데 교회가 발 벗고 나서야 한다. 그래야 세상이 살고 교회가 다시 살아난다고 했습니다. 자본주의 사회에서 정의구현이 무엇이겠습니까. 규제 없는 자본의 폭주, 광란의 질주를 정지시키는 겁니다. 교황이 "규제 풀린 자본은 새로운 독재자" 운운하시는 것은 공연한 말씀이 아닙니다. 교회가 찾아낸 진정한 복음화의 맥락에서 하는 이야기입니다. 다시 말씀드려서 교회가 자본주의의 개선을 대대적으로 촉구하는 것은 자본주의 자체의 파국과 종말을 피하기 위해서고, 다른 한편으로는 교회를 되살리기 위한 자구책입니다.

손석춘: 그런 측면도 있군요.

김인국: 진보정당의 대변인 입에서나 나올 법한 말씀을 교황이 하고 있으니 쇼크지요. 이런 현상을 '프란치스코 쇼크', '프란치스코 임팩트'라고들 합니다. 순진한 사람들은 충격 속에 "아니 자본주의가 정말 문제인가?" 하고 반문하고 있어요. 이런 물음이 널리 널리 퍼져 나가야 합니다. 최근 몇 년 전부터 한국 교회 안에 "믿을 교리를 넘어서 사회교리로!"라는 는 구호와 함께 사회교리 학습 붐이 일고 있는 현상은 퍽 다행스럽습니다.

손석춘: 그런데 한국에서는 사실상 추기경이 그런 걸 막고 있는 거 아닌가요?

김인국: 그렇죠. 이쪽 끝에서 저쪽 끝까지 순식간에 전류가 흐르듯, 사람들 의식의 감전을 일으켜야 하는데 추기경들이 절연체 노릇을 하고 있습니다.

손석춘: 지금 그 말씀은 대담집에 그대로 나가도 되는 거지요? (웃음)

김인국: 물론이죠. 그 누구보다 교회의 가르침에 충실하다고 자부하시겠지만, 지금으로 봐선 교황의 가르침에서 가장 벗어나 있는 분들이 유감스럽게도 두 분 추기경입니다.

손석춘: 프란치스코 교황이 낙수효과에 대해서 정면으로 문제를 제기하셨잖아요. 그런데 사실 우리 추기경들은 낙수효과에 사실상 아무 얘기도 안 하고 있거든요. 오히려 낙수효과를 선전한다고도 할 수

있죠. 왜냐하면 그런 정권을, 의도야 어쨌든 객관적으로 볼 때 지지하고 있는 셈이니까요. 그런 상황을 로마 교황청도 분명히 알아야 할 것 같습니다. 한국의 두 추기경이 교황의 뜻을 차단하고 있다고 볼 수도 있으니까요.

김인국: 한 분은 이미 은퇴하신 분이니까 거론할 필요가 없고, 염 추기경은 아마 이런 소리를 들으면 억울하다고 그럴 겁니다.

손석춘: 왜 그런가요?

김인국: 먼저 염 추기경이 퍽 온유하고 겸손한 인품으로 존경을 받는 분이라는 점을 말씀드리고 싶고요. 다만 그분 입장에서야 가르치는 대로 배웠고, 배운 대로 살았고, 그래서 추기경도 됐다고 믿을 텐데 갑자기 이상한 교황이 나타나서 이상한 가르침을 막 쏟아내고 있는 상황이거든요. 그러니 아주 당황스러울 겁니다. 교황의 노선에 저항할 수도 없고, 그렇다고 받아들일 수도 없고. 정면으로 부정할 배짱은 없을 테고, 어쩔 수 없이 지금까지 고수해온 신념과 삶의 자세를 헐어버려야 하는데 그건 너무 끔찍한 일이지요. 그런 점에서 프란치스코 쇼크를 가장 먼저 받은 사람은 바로 이분일 겁니다.

한국 사회는 신자 500만의 천주교회를 두고 경이로운 혹은 아름다운 성장을 이뤘다고 호평하곤 합니다만 천주교회가 한국 자본주의의 천민적인 속성을 그대로 둔 채 성장한 것은 그다지 떳떳한 일이 아니라고 생각해요.

손석춘: 정의구현사제단이 계속 싸워왔잖아요.

김인국: 사제단이 삼성 이건희 일가의 일탈을 문제 삼았을 때 당시 서울교구장이 몹시 불편해했지요. "너희들 왜 쓸데없는 짓을 벌이느냐!"면서.

손석춘: 대놓고 그런 이야기를 했나요?

김인국: 2008년 8월 사제단 대표 전종훈 신부가 부임한 지 얼마 되지도 않은 성당에서 쫓겨나 강제 안식년 3년을 지내야 했던 것도 바로 그 때문이었잖아요.

손석춘: 인사에서 불이익을 받았었죠?

김인국: 네, 그때 삼성문제 때문이에요. 성경에서 금하는 우상숭배는 바로 물신풍조를 말하는 겁니다. 그래서 예수님이 "아무도 하느님과 재물을 함께 섬길 수는 없다"고 명시하신 거고요. 하느님에 맞서는 유일한 라이벌은 돈, 자본이라는 말입니다. 예수님은 자본주의가 싹트지 않은 2000년 전의 고대 사회에서 살면서 어떻게 돈에 대해 그토록 예리한 통찰을 하셨는지 모르겠습니다. 과연 예수님은 영성의 천재입니다. 영성(靈性)은 물신에 저항하는 기백입니다. 반대로 물성(物性)은 돈에 기우는 약한 경향이고요. 그런데 명색이 예수를 따른다는 제자들이 자본주의가 행로를 잃고 갈팡질팡하는 이 시점에 자본주의가 저지르는 패악에 대해서 아무런 고민이 없다. 이거는 본의든 아니든 자본과 우호협정을 맺은 거나 다름없습니다.

물신의 시대, 삼성을 어떻게 볼 것인가

손석춘: 사실 프란치스코 교황이 이야기하는 새로운 독재에 대해 온몸으로 맞선 게 7년 전 정의구현사제단인데요. 그 이후 삼성에 대한 감시와 문제 제기도 줄기차게 해왔고요. 이건희 회장의 불법 비자금 사건 때를 지금 돌아보면 어떠세요? 아쉬움이 많으실 것 같은데요.

김인국: 얼마 전 전종훈(전 사제단 대표) 신부에게 이렇게 물었어요. "삼성, 한 번 겪어봤잖아요. 만일 그런 일이 또 벌어지면 어떻게 하시겠어요?" 김용철 변호사와 같은 의미심장한 내부 증언자가 나온다고 가정해봐요. 상황이 어떻게 전개될지 그림이 뻔해요. 검찰은 당연히 수사를 하는 건지 마는 건지 뭉그적거릴 테고, 여론에 밀려서 탄생한 특검은 수사가 너무 잘 될까 봐 전전긍긍할 테고, 핵심적인 증인 데려다가 차 대접이나 할 테고, 그러다가 깃털만 추려서 기소할 테고, 사실 그것만 해도 엄청난데 법원에서는 징역 3년, 집행유예 5년 식으로 솜방망이 처벌을 내릴 테고, 그해 연말 대통령은 원 포인트 사면으로 용서를 구할 테고, 이듬해 정월 회장님께서는 "한국 사람들 정신 좀 차리고, 제발 정직했으면 좋겠다!"고 이상한 훈계를 늘어놓을 겁니다. 그게 뻔한데, 그래도 또 할 거요? 얻은 거 하나 없이 주교에게 미움만 사더라도? 하고 물었던 거지요. 그런데 전 신부님은 짧게 "그래도 해야지!" 하시더라고요. '그래도'라고 말한 것은 '얻은 것 하나 없이 신부들이 없는 이야기를 꾸며내서 혹세무민한 꼴이 됐지만…' 그런 의미지요. 그런데 우리는 삼성 문제제기가 결코 의미 없는 해프닝이라고 보지 않아요. 우리 사회의 구성원들이 여러모로 공부한 게 굉장히 많아요. 사람들은 삼성 수뇌부가 경영 쇄신안을 내놓으면서 허리를 숙여 세상을 향해 사죄를 구하던 장면을 선명하게 기억하고 있습니다. 기업권력의 위세가 하도 어마어마하니까 지금은 잠자코 있지만 그때 드러난 삼성의 비리까지 까먹고 있지는 않아요. 어쨌거나 삼성은 아무 일 없다는 듯이 모든 것을 다 되돌려 놓았습니다. 김용철 변호사가 적어도 삼성이 주는 돈은 안전하다, 이런 믿음만이라도 깨지기를 바란다고 했는데 어쩌면 옛날보다 더 고약해졌는지도 모르지요.

손석춘: 삼성은 법적으로 '묵은 숙제'를 끝낸 셈이죠.

김인국: 네. 지하에 숨겨둔 천문학적 규모의 비자금 4조 5000억 원

을 양성화시키는 마술을 보여주었지요. 조준웅 특검에 들어간 예산이 28억여 원이라고 기억하는데 그 많은 혈세를 펑펑 쓰면서 결국은 그 짓을 한 거예요.

손석춘: 상속 문제도 해결했고요.

김인국: 네. 이건희 회장에 대한 대법원의 선고 이듬해인 2012년 아무 경력도 없는 조준웅 특검의 아들은 삼성전자 과장으로 특채되었고요. 자본은 항상 물어요. "우리랑 친구 할래, 아니면 원수가 될래?" 영혼과 양심을 팔면 친구가 되고, 그걸 지키려고 들면 원수가 되는 거지요. 삼성은 자본의 힘을 과시했다고 믿을지 모르지만 사람들이 다 보고 있다니까요. 이것도 굉장히 큰 교육입니다. "역시 삼성 대단해." 하는 사람도 있고, "아, 무서워." 하는 사람도 있습니다만 사람들은 은연중에 자본의 추악한 실상을 목격하고 있는 거예요. 그런 점에서 이미 삼성왕국은 무너지기 시작했다고 봐요. 2007년 10월 말부터 2008년 4월까지의 삼성에 대한 학습이 선행되었으므로 삼성반도체 노동자의 죽음을 다룬 영화 〈또 하나의 약속〉이 무슨 이야기인지 사람들이 알아듣고 적극적으로 반응했던 것이라고 생각합니다. 김용철 변호사의 증언 등이 없었다면 사람들이 믿으려고나 했겠어요. 아니, 왜 국민기업 삼성을 건드리는 거야? 했겠지요.

손석춘: 반올림[5] 같은 단체가 만들어지는 데에도 사실 이런 배경이 있었기 때문에 가능했다고 볼 수 있는 거지요?

[5] 반올림은 반도체 노동자의 건강과 인권 지킴이로 반도체 노동자 인권 모임이다(cafe.daum.net/samsunglabor).

김인국: 그렇습니다. 사제단의 이건희 일가 비자금 증언 이전에도 삼성문제를 고민하던 분들이 많았고, 사제단 이후에도 용감하게 싸우는 분들이 많이 계시지요. 그런 노력들이 착실히 쌓이고 쌓여서 경제

민주화가 꽃피는 날이 오리라고 봅니다.

손석춘: 당시 전 신부님이나 김 신부님께는 삼성에서 뭔가 타협을 하
자는 제안이 없었나요?

김인국: 서운하게도 안 오더라고요. (웃음)

손석춘: 성향을 다 파악해서인가요? (웃음) 아무런 얘기도 없었어요?
두 신부님께는?

김인국: 전혀 없었어요. 그런데 사제단이 삼성문제를 제기하던 초반
에는 몇 분이 와서 제 걱정, 사제단 걱정을 하면서 하지 말라고 그래
요. 저와 잘 아는 분들인데 돌려보내고 나니까 아, 삼성에서 보낸 사
람들이구나 하는 생각이 확 들더라고요. 삼성의 인맥관리가 전방위
적이라더니 실감했습니다.

손석춘: 초기에 함세웅 신부님 성
당에도 삼성 쪽 사람들이 찾아오
고 그랬다고 하시더군요.[6] 신부님한테 와서는 뭐라고 하던가요?

6) 함세웅·손석춘, 『껍데기는 가라』,
알마, 2012.

김인국: 저한테는 김용철 변호사 전라도 사람이다. 이런 유치한 얘
기부터 시작해서 믿지 말라고 하더군요.

손석춘: 그랬군요. 그 지독한 '지역감정'이 다시 발동된 거네요. 그
때 상황에 대해서 독자들과 나누고 싶은 이야기가 있으실 것 같은데
요. 김용철 변호사와는 요즘도 연락하세요?

김인국: 안부가 궁금해서 전화를 가끔 합니다.

손석춘: 지금도 혼자 사시는 거죠?

> **김인국**: 네, 혼자 지내는데, 안됐잖아요. 저도 혼자지만. (웃음) 그래도 한 번은 제가 전화해서 당신은 불쌍한 사람 아니다, 세상에다 대고 당신처럼 할 말 다한 사람이 또 어디 있느냐, 그리고 그렇게 해서 세상에 진 빚도 갚았지 않았냐고 했어요. 그분이 처음 나서면서 "그동안 살면서 사회로부터 많은 은혜를 입었는데, 이렇게라도 빚을 갚아야겠다"고 했거든요. 또 파워 있는 친구들 몽땅 잃어버렸지만, 새로운 사람들을 친구로 얻지 않았느냐고 했어요.

손석춘: 그런 얘기도 해주셨어요? 그러니까 뭐라 그래요?

> **김인국**: 맞는 말씀이라고 하지요. 김용철 변호사는 잘 지내고 있습니다. 이제 우리가 걱정할 사람들은 황유미 같은 삼성의 노동자죠.

손석춘: 앞으로 어떻게 삼성에 대응해나갈 생각인가요. 다시 말씀드리면, 교황이 얘기한 새로운 독재와 어떻게 싸우실 생각이세요? 프란치스코 교황이 이거 아셔야 할 텐데, 대한민국의 정의구현사제단이 일찍부터 자본과 싸워왔다는 걸. (웃음)

> **김인국**: 삼성문제를 2008년도에 그렇게 끝내고서 우리는 또 다른 경험을 했어요. 그해에는 한반도 대운하 하지 말라고 오체투지로 지리산부터 임진각까지 순례를 했고, 2009년도에는 삼성물산도 뛰어들었던 용산 개발, 그 과정에서 일어난 참사 유가족들과 매일미사를 드리며 1년을 꼬박 보냈지요. 2010년은 4대강 순례와 4대강 사업 중단을 촉구하는 단식기도회로, 2011년은 제주 해군기지, 한미FTA 등 현안을 놓고 여의도에서 월요 시국기도회를, 그다음 2012년에는 쌍용차 해고노동자부터 방송사 파업까지 찾아다니며 기도회를 열었어요. 그런데 찾아가는 곳마다 삼성을 비롯한 재벌들의 자본이 일을 벌

이고 있는 거예요. 용산에서 삼성물산을 봤는데, 4대강 사업 공사현장에 가도 삼성, 제주 강정에 가봐도 삼성이 있어요. 그런 점에서 최근 몇 년 동안 우리 신부들은 자본에 대한 이해를 심화하는 시기를 살았습니다. 자본주의의 건강 회복을 위해서라도 삼성과의 싸움은 신앙적 차원으로 더 승화시켜야겠다. 그런 생각이 들었습니다. 그러면 당장 뭘 해야 할까? 사실 우리 손을 기다리는 일거리는 천지에 널렸지요. '반올림' 같은 단체에도 힘을 보태야겠고, 손배 가압류를 잡는 일에도 함께해야 할 테고 말입니다. 동시에 자본독재에 관한 교황의 사상을 신자들에게 널리 알리면서 삼성문제와 연결 지어 생각해보도록 이끄는 작업도 해야겠고요.

손석춘: 가톨릭 신자들이 잘 따라올까요? 어떻게 보세요?

김인국: 경상도에 가서 새누리당 찍지 말라고 하는 것만큼이나 생활 안에서 되도록 삼성과 거리를 두도록 하자는 게 무척 어렵겠지요. 신자들이라고 다르지 않아요. 우리 일상 전반을 워낙 공고하게 지배하는 삼성이니까요. 삼성카드 쓰지 말자, 삼성 갤럭시 쓰지 말자고 하면 깜짝 놀라요.

내가 가진 돈만큼 자유는 줄어듭니다

손석춘: 그래서인데요. 조금 깊이 들어가 볼까요. 사실 국가 정보기관이 민주주의의 기본인 대통령 선거에 개입하는 것은 국기를 흔드는 범죄잖아요. 그런데 사람들이 그런 데 관심이 없어요. 그리고 삼성이 초법적인 행태를 내놓고 보여주고 있는데도 삼성에 들어가고 싶은 젊은이들이 많고요. 대학생들이 가장 좋아하는 기업인이 이건희예요. 설문조사이긴 하지만, 이런 현상들은 어떻게 보세요? 운동하는 사람이 아니라, 종교인, 물론 신부님도 운동을 하고 계시지만, 사제로서 말씀을 해주셨으면 합니다.

김인국: 돈은 귀신도 부린다! 사람이야 너무나 쉽고. 이렇게 말하고 싶네요. 옛날에는 삼성 창업주 이병철 씨를 보고 사람들이 일제히 '돈병철'이라고 불렀어요. 지금은 이건희 씨를 보고 뭐라고 하냐면, '회장님'이라고 불러요. 가난해도 야물던 사람들의 마음이 어느덧 이렇게 물러터지게 된 겁니다.

손석춘: 그렇군요. 그런데 박근혜를 지지하는 현상까지 돈의 위력이라고만 볼 수는 없잖아요. 새누리당 지지율이 지금도 가장 높거든요? 정당 지지율을 보면 그래요.

김인국: 신문이고 방송이고 인터넷이고 사람들의 마음과 정신을 훔치는 거대한 시스템을 무엇이 작동시키나요? 그것 또한 돈이지요. 원래 개도 안 물어가는 물건이 돈인데 돈 많은 사람들은 돈 때문에 "박근혜! 새누리!" 그러고, 돈 없는 사람들도 돈 때문에 "박근혜! 새누리!" 그런단 말입니다. 부자들은 지킬 게 많아서 그런다지만 별로 빼앗길 것도 없는 사람들 가운데서도 상당수가 수구동맹 세력에 충성을 다하고 있으니, 결국 가난한 사람들도 불공평한 세상에 대해서는

불만이 없는 모양입니다. 인도의 최하층 계급이 카스트를 윤회의 운명으로 받아들이듯이 우리나라 사람들도 내가 지금은 이렇지만 나중에는 나도 떵떵거릴 거야 하는 마음이 있나 봐요.

방금 사람들의 근기가 점점 약해지고 있다는 말씀을 드렸지만, 120년 전에 이 땅의 농민들이 어땠습니까? 사발통문 하나 돌았을 뿐인데 수십만의 농사꾼들이 일어나 관공서를 불태우고 탐관오리들을 쫓아냈잖아요. 그런 정의롭고 자유로운 마음이 도대체 어디로 사라지고 말았을까요? 해방공간 안에서 박멸되고, 전쟁을 겪으면서 또 한 번 제거되고, 군사독재를 거치면서 탈탈 털리고, 그러다가 돈 좀 만지게 되면서 좀 배운 사람들부터 "아니지, 이건 아니지!" 하고 대들 용기를 내려놓았어요. 1970년대에는 신부들만 해도 참 씩씩하고 자유로웠어요. 그런데 가난하던 교회 살림에 여유가 생기면서 신부들도 잘 안 움직이거든요. 이걸 뭐라고 설명해야겠어요? 돈 말고는 설명할 길이 없어요. 공짜는 없어요. 어떤 돈이든 돈을 쥐는 딱 그만큼 자유는 줄어듭니다. 대체로 가난한 교구 신부님들이 사제단에도 더 잘 나왔어요. 그런데 지금은 다들 비슷해요. 길도 좋고 차도 좋은데 잘 안 움직여요.

여담인데, 우리 교우 가운데 어떤 집 딸이 시집을 가게 되었다는 소리를 들었는데 성당에서 혼례를 올린다면서 제게 아무 말이 없어요. 그래서 다른 신부에게 혼배미사 집전을 부탁했나 보다 하고 있었는데 속사정이 따로 있었어요. 나중에 알고 보니 사위가 삼성에 근무하는데 저처럼 반삼성적인 인사가 주례를 서면 그 자리에 오는 임원들이 뭐라고 생각하겠느냐고 고민했던 거예요. 괜히 사위 앞길 막지나 않을까 걱정했던 거지요. 결국 제가 주례를 서긴 했어요. 미안하다면서 맡아달라고 하더군요.

손석춘: 그때 삼성과 한참 싸우실 땐가요?

김인국: 좀 지났을 때입니다. 그런 사례가 있고. 저희 조카 하나가 CJ

계열 방송사에 들어갔어요. 그런데 뉴스에서 CJ그룹 회장이 구속수사를 받는다고 그래요. 그런데 조카가 입사한 다음부터 제가 이상한 반응을 보여요. 저도 모르게 조카 녀석에게 "너희 회사 괜찮냐?"고 묻고 있더라고요. (웃음) 너나 할 것 없이 이러니 자본권력의 영향권 바깥으로 탈출한다는 게 얼마나 힘든 일이겠어요.

손석춘: 그런데 사람들이 진실을 들어도 그것을 마주하려고 하지 않아요. 이를테면 박정희가 친일을 한 사실, 애꿎은 사람들을 죽인 사실, 수많은 성적인 탈선을 한 사실, 뭐 이런 사실을 얘기해줘도 받아들이려고 하지 않아요. 저는 이런 모습을 보면서, 인간이 가지고 있는 어떤 한계는 아닐까? 하는 생각이 어쩔 수 없이 들던데요, 신부님은 어떻게 보세요?

김인국: 지금까지 박정희만 철석같이 믿고 살았는데, 새누리당만 굳게 의지하고 살았는데, 그 사람들이 사실은 시원찮은 작자들이라고 하면 불편해지겠지요. 자신이 의지했던 신념체계가 무너지는 거니까. 인지부조화 이론 있잖아요. 부시가 이라크에 대량살상무기가 있다고 우기면서 군인들을 보냈고 미국 사람들은 마구 열광했는데 막상 뚜껑을 열어보니까 아무것도 없었어요. 그 후 미국 사람들이 어떻게 했어요. 아, 우리가 잘못 생각했구나, 그랬나요? 아닙니다. 후세인 이놈이 감춘 데를 못 찾아서 그렇지 어딘가 있을 거야, 그랬다니까요. 어디 그것뿐이겠어요. 인간이 얼마나 복잡합니까.

손석춘: 진실을 보려고 하지 않는 그런 태도들을 이해해주어야 한다는 말씀인가요?

김인국: 아니요. 자기를 변명하고 자신을 합리화하는 인간의 속성 한 가지를 보자는 거지요. 사람은 잘못을 들켰어도 쉽사리 인정하려 들지 않을 때가 많아요. 4대강을 그렇게 망쳐놓았다고 분통을 터뜨

리면서도 자신이 공범이었다는 사실은 부정해요. 이명박 뽑고, 한나라당 뽑았으면서. 피해자이면서 동시에 가해자라는 사실을 덮고 싶어 하지요. 자신의 뼈아픈 실책을 인정하고 고백하도록 함으로써 새로운 경지로 올라가도록 돕는 게 종교지요.

손석춘: 교황이 새로운 독재를 경고했고, 독재정권의 양상(자료8) 이이 땅에 나타나는데도, 그래서 정의구현사제단 신부님들이 옳은 말씀을 하셔도, 신자들 생각이 당장 변하지는 않는 게 현실 아닌가요?

김인국: 처음에는 반발하지만 계속하면 달라져요. 바뀝니다.

손석춘: 바뀌는 모습이 보이나요?

김인국: 그럼요. 바뀝니다.

손석춘: 고엽제전우회 같은 분들도 진실을 알아야 할 텐데요.

김인국: 그런 분들도 뭉쳐 있을 때는 안 되고, 한 명씩 떼어다가 앉혀놓고 말하면 듣지 않을까요. 지난번 성당에 운전봉사를 하는 분이 한 분 있었어요. 골수 여당파. 그런데 이 사람이 제가 가는 곳마다 교우들을 태우고 다니더니 바뀌더라고요. 용산 남일당, 대한문, 4대강 공사현장, 제주 강정 등도 다니면서 세상에 눈을 뜨더라니까요. 그래서 하느님께 희망을 두는 것처럼 사람에 대한 희망을 버리지 않는 것, 그것이 신앙의 한 측면입니다. 신자들의 무지나 반발, 이런 것들은 사실 그들 탓이라기보다 제대로 가르치지 않은 사목자들의 잘못입니다. 우리가 귀찮아하고, 눈치 보고 하면서 본분을 다하지 않은 결과입니다. 교회의 사회참여 의무. 이런 거 교리서에 다 나오는 건데, 우리가 안 가르친 거예요.

손석춘: 그 대목에서 궁금한 게 있는데요. 그 뜻깊은 교리를 한국 가톨릭은 그동안 왜 안 가르친 거죠?

김인국: 오랫동안 교회는 믿을 교리를 우선으로 가르쳤어요. 지켜야 할 계명도 있는데 말입니다. 바로 행해야 할 사회적 의무들 말입니다. 교리서에도 분명히 나오는데 이걸 안 가르쳤어요.

손석춘: 마땅히 가르쳐야 할 교리를 신부들이 신자들에게 안 가르친 이유를 어떻게 설명해야 할까요? 분단체제라 좀 부담스러웠나요, 신부님들이?

김인국: 그걸 가르치면 자기도 힘들어지니까요. 자신부터 사회적 의무를 해야 하잖아요. 게다가 우리 사회가 남북으로 나뉘어 얼마나 비정상적인 방식으로 살아왔습니까.

손석춘: 그렇겠군요. 군부독재가 오래 지속됐고, 지금은 새로운 형태로 독재의 양상이 나타나고 있으니까요.

교황에게 감동과 함께 부끄러움을 절감한 데는 이유가 있다. 교황이 '새로운 독재' 발언을 했을 때 나는 『주권혁명』(2008)의 전면 개정판을 쓰고 있었다. 초판에 담았던 '자본 독재'라는 개념을 개정판에서는 목차와 제목에서도 삭제하고 본문에서도 완화할 셈이었다. 이른바 '국민 정서'를 고려한다는 '명분'이었다. 하지만 그런 생각이 잘못임을 교황이 깨우쳐주었다. 프란치스코 교황은 2013년 11월 26일 자신이 직접 저술한 『복음의 기쁨』에서 "경제권력을 휘두르는 사람들은 아직도 부유층의 투자·소비 증가가 저소득층의 소득 증대로까지 확대될 것이라는 '낙수효과'를 말하고 있지만, 이는 잔인하고 순진한 믿음"이라며 "가난한 사람들은 (그 낙수가 내려오지 않을지도 모르는데) 언제까지나 기다리고만 있다"고 말했다. 그는 "이런 상황에서 통제받지 않는 자본이 '새로운 독재자'로 잉태되고 있다"면서 "이 독재자는 무자비하게 자신의 법칙만을 따를 것을 강요하며, 윤리와 심지어 인간마저도 비생산적인 것으로 취급한다"고 비판했다. 교황은 세계 정치 지도자들이 경제적 불평등을 없애기 위해 노력해야 한다고 촉구하면서 내용의 상당 부분을 자본주의의 탐욕과 이 때문에 확대되고 있는 경제적 불평등을 비판하는 데 할애했다. 특히 교황은 "'살인하지 말라'는 십계명을 현시대에 맞게 고쳐 말하면 '경제적 살인(경제적으로 누군가를 배제하거나 소외시키는 것)을 하지 말라'가 돼야 할 것"이라고 지적했다. 또 "어떻게 주가지수가 2포인트 하락하는 것은 뉴스가 되는데, 홈리스 노인이 거리에서 죽어가는 것은 뉴스거리도 되지 않을 수 있단 말인가"라고 반문했다. 교황은 "많은 사람들이 자기 자신을 쓰고 버려지는 '소비재'라 여기고 있지만, 심지어 이제는 쓰이지도 않은 채 그냥 '찌꺼기'처럼 버려지고 있다"고 지적했다. 아울러 정치 지도자들과 가톨릭 사제들이 사회의 부조리와 불평등을 바로잡기 위해 행동에 나서야 한다고 강조했다. "정치 지도자들이 '가난한 자와 부를 나누지 않는 것은 그들이 마땅히 가져야 할 것을 도둑질하는 것'이란 옛 성인들의 말을 되새기길 바란다"고 권고했다(손석춘, 「2014, 무엇을 할 것인가」, 시대의창, 2014).

자료8

　새로운 독재가 한국에 나타나고 있는 현실에 대해 정의구현사제단 신부들은 줄기차게 증언해왔다. 가령 대전교구 박상병 신부는 2013년 12월 30일 시국미사 강론을 통해 "안녕들 하십니까?" 묻고 우리가 평안하지 못한 이유를 증언했다. "스물네 분의 넋을 위로하는 쌍용차 노동자들의 분향소조차 대한문에서 갖은 핍박 끝에 평택으로 옮겨졌고, 밀양의 어르신들이 목숨을 끊으셨는데, 강정에서 평화를 지키려던 수사님과 활동가들이 제주교도소에 수감되어 계시는데, 장기 농성 중인 수많은 사업장은 아예 언론에서 다루지도 않고 있는데, 민영화에 반대하여 파업 중이던 철도 노조원들이 피신했다가 범죄자처럼 검거되고, 10만 명이나 되는 노동자와 시민들이 서울 시내 한복판에서 우리의 목소리에 귀를 기울여달라고 해도 '우리의 불통은 자랑스러운 불통'이라면서 최루액과 물대포로 응답하는데, 이 아픔의 시대에 우리가 어찌 평안하다고 대답할 수 있겠습니까? 드러난 것만 해도 2200만 개가 넘는 국가기관의 불법 선거개입에 대해, 엄정하게 수사해달라고 촉구하는 것조차 눈치를 주고 면박을 주고 너의 조국이 어디냐고 묻습니다. 사법부에서 제대로 조사하려 하면 경질시키고 징계를 주고, 보다 못한 종교계가 예언적인 직분을 다하기 위해 일어나야만 하는 상황이 되었습니다. 그러나 한 사제의 강론 중 발언에 대해 전체 취지에 대한 수용과 진지한 반성은 없이 내용 중 일부만을 문제 삼아 침소봉대하고, 수많은 언론은 그 의미를 왜곡하여 보도하고, 일부 국민들로 하여금, 그 보도를 신봉하도록 만들었습니다."

86

4부
갈릴래아, 우리 거기서 만나자

예수, 하느님의 얼굴이 된 인간

손석춘: 신부님께서 살아오신 이야기를 나눠볼까요. 신부님, 모태신 앙은 아니시죠?

> **김인국**: 제가 아주 어렸을 때부터 어머니가 제 손을 잡고 성당에 나 가셨으니 모태신앙인 셈입니다.

손석춘: 그러면 지금처럼 하느님에 대한 믿음이 확고하게 들었을 때 는 언제였어요? 계기가 있었나요?

> **김인국**: 따로 없었어요. 내 앞에 아버지 계시고, 아버지 앞에 할아버 지 계시듯 하느님은 처음부터 제 앞에 계셨어요.

손석춘: 일반 학교가 아닌 신학대를 선택한 계기는 있었을 것 같은 데요.

> **김인국**: 고등학교까지 일반 학교에 다녔고, 대학가면서 사제가 되기 위해서 신학대학을 갔습니다.

손석춘: 사제가 되려고 결심한 결정적 계기는 어떤 것이었어요?

> **김인국**: 제가 접하는 세계에서 가장 큰 어른, 가장 멋진 어른이 사제 였어요. 특히 제가 접한 신부님들은 정의구현사제단 활동에 열성적 인 분들이었습니다. 제가 초등학교 5학년이던 1974년 가을, 천주교 정의구현 전국사제단이 창립됐어요. 열한 살이었는데, 저는 그때부 터 사제단 성명서를 읽고 지냈어요. (웃음) 성명서가 성당 게시판에 붙 으면 가만히 서서 읽어보았습니다. 주교님, 신부님들이 감옥에 있다

고 그러고, 감옥에서 보낸 신부님들의 편지도 읽어보고. 그러면서 아주 자연스럽게 신부는 고난의 현장에 서는 거다, 라고 생각을 했고, 그런 게 참 멋져 보였어요.

손석춘: 사제 결심을 하고, 신학대학을 가려고 할 때 어머님이 반대는 하지 않으셨어요?

김인국: 아니요. 어머니는 좋아하셨어요. 어머니는 지금까지 제가 세상 속으로 뛰어들 때마다 하느님이 시키신 일 하느라 고생한다고 격려하세요.

손석춘: 어머님이 훌륭하시네요. 믿음 이야기를 조금 더 해볼까요. 신부님께 하느님은 어떤 분이신가요?

김인국: 예수님 먼저….

손석춘: 예수님부터 할까요? 좋습니다. 예수는 어떤 분이신가요.

김인국: 예수님 정말 아름다운 분이세요.

손석춘: 네, 아주 정말, 멋있죠.

김인국: 그런데도 예수님 좋아한다는 사람들에게 "어디가 그렇게 좋아요?" 하고 물어보면 다들 우물거리면서 "글쎄….." 합니다. 좋아한다면서 어디가 좋은지 모르다니 이상한 일 아닙니까. 그리고 "세상에서 제일 존경하고 본받고 싶은 사람이 누구야?" 그러면 신자들은 당연히 "예수!"라고 해야 하잖아요. 그런데 그러지 않아요. 뭔가 잘못된 겁니다.

손석춘: 사람이 아니라고 생각하는 거군요?

김인국: 그렇죠. 예수를 하느님의 아들로만 보고 그의 인간됨을 안보는 거지요. 그건 미숙한 신앙입니다. 인간 예수의 멋과 아름다움에 경탄해야만 우리도 예수를 닮을 수 있는 것입니다. 제게 예수님이 왜 멋있느냐고 묻는다면 "그분은 하느님을 보여주신 분이니까!" 하고 대답하겠습니다. 사람 얼굴로 하느님을 보여주다니 세상에 이보다 더 크고, 더 신비롭고, 더 놀라운 일이 또 있나요? "나를 보았으면 하느님 아버지를 본 거다."(요한복음 14:9) 이게 그가 보여준 인간의 위대함입니다. 하느님의 얼굴이 된 인간.

예수님이 준 복음은 바로 인간이 인간 그 이상의 존재라는 사실입니다. '나는 악마를 보았다.' 이런 영화 제목이 있었는데, 정말 그런 사람들이 있어요. 악마는 아니더라도 개나 쥐나 닭을 떠올리게 만드는 몹쓸 사람들. 하지만 예수님을 만난 사람들은 예수님에게서 하느님을 본 거예요. 그러면서 인간이 올라갈 수 있는 전인미답의 경지가 있다는 사실을 알게 되었지요. 길이 열리기까지 힘든 거지, 그다음부터는 말도 못하게 수월합니다. 그래서 개척자가 존경을 받는 거고요. 예수님은 정말 고맙고 멋진 분입니다. 미사 중에 드리는 기도문의 결구에 이런 대목이 나옵니다. "성부와 성령과 함께 같은 천주로서 영원히 살아계시며 다스리시는 예수 그리스도…" 예수님을 하느님과 같은 하느님이라고 부르는 거지요. 우리가 이런 신앙명제를 사용하는 이유는 예수의 신성을 고백하기 위해서만이 아니라 더 나아가 인간의 존엄에 대한 놀라운 긍정을 표현하기 위해서입니다. 깊이 생각하지 않으면 한 인간을 하느님으로 고백하는 게 기절초풍할 소리이지만, 이 말은 예수님이 보여준 참된 인간성을 경탄하며 하느님께 감사를 드리는 표현입니다.

손석춘: 어떻게 그게 가능했을까요? 인간 예수가 걸어간 삶과 죽음을 톺아보면 쉽지 않았을 것 같은데요.

김인국: 단독으로 이룩되는 인격은 없잖아요. 위로부터 내려받고 앞에서 끌어주고 뒤에서 밀어주는 게 인생이듯이. 예수님도 마찬가지입니다. 예수님은 태생이 하늘에서 뚝 떨어진 유별난 신적 존재가 아닙니다. 강물처럼 유장한 역사 안에서 할아버지, 할머니들의 신앙이 켜켜이 쌓이고 쌓인 끝에 맺어진 열매가 예수입니다. 이스라엘의 신앙의 씨가 물려지고 물려진 끝에 가장 아름답게 싹튼 자리가 예수의 몸입니다. 예수가 있기 전에 출애굽 이래 무수한 시련과 불행을 겪었던 겨레 이스라엘이 앞서 있었다는 겁니다. 그 토양에서 예수가 나온 거지요. 이스라엘 신앙의 놀라움은 "남에게 바라는 대로 남에게 해주라"는 황금률을 숯을 피워서 방을 데우는 호시절이 아니라 나라가 망해서 남의 나라에 끌려가는 극한의 폭압 상황에서 이룩했다는 점에서 찾아야 합니다. 원수를 원수로 갚지 마라. 그래야 사람이 사람다워진다. 그래야 보복에 보복이 이어지는 역사의 질병을 고칠 수 있다. 이스라엘은 이런 소리를, 당할 대로 당한 끝에 뜨겁게 토했습니다. 이와 같이 단순하지만 아주 단단한 신앙이 어머니 마리아와 아버지 요셉에게 이어졌고, 부모님을 거치면서 또다시 맑고 향기롭게 발효된 영성이 예수님을 통해 영원한 진리가 됩니다. 그런데 이런 사상이 이스라엘이 가장 불행하고 어두웠을 때 피어났다는 게 신비롭습니다.

손석춘: 예수님의 고향 갈릴래아는 식민지 중에서도 차별받는 지역이었지요.

김인국: 그렇죠. 저에게는 부르르 떨리던 특별한 하느님 체험은 따로 없었어요. 그러나 하느님이 계신 걸 깨닫는 단순한 길이 어디에 있는지는 알아요. 하느님은 어디에나 계시지만 특히 고난의 현장에 계세요. 사람들이 울고 서 있는 곳에 가보면 거기서 하느님을 만날 수 있어요. 그런 자리에서 사랑과 우정을 나눌 때 하느님을 느낄 수 있어요.

손석춘: 신부님, 그런가 하면 적잖은 분들이 임종하기 직전에 신자가 되잖아요. 죽음을 앞에 둔 인간이 가지고 있는 분명한 한계상황이 있는 것 같아요. 죽음과 부활은 어떻게 이해하면 될까요?

김인국: 저도 안 죽어봐서 잘 모릅니다. (웃음) 하지만 죽으면 어쨌든 편안할 거라는 믿음은 가지고 있습니다. 죽음과 부활에 대해서 말씀드리자면, 부활은 죽기만 하면 저절로 찾아오는 미래가 아니라 십자가의 결과입니다. 십자가라는 일이 없으면 부활이라는 일도 발생하지 않습니다. 그런데 부활을 입증해 보일 수는 없습니다. 부활신앙은 굉장히 주관적인 체험의 산물입니다. 논리적·객관적 영역의 산물이 아니라 경험해서 얻은 진실이라는 말씀입니다. 예수는 억울하고 불쌍하게 죽어갔습니다. 그래서 제자들이 죄다 지하로 잠적해버렸습니다. 그런데 나중에 이해할 수 없는 일들이 벌어집니다. 도망갔던 사람들이 되돌아오고, 골방에 숨었던 사람들이 광장으로 달려가고, 나는 모르오, 하며 시치미를 뗐던 사람들이 예수의 주장을 계승하면서 갖은 고문과 모욕에도 굴하기는커녕 도리어 기뻐했단 말입니다. 그러면서 그들이 하는 말이 여러분이 죽였던 그분이 되살아났다. 죽지 않고 우리 안에 멀쩡하게 살아계신다. 지금도 우리와 함께 변함없이 일하고 계신다고 했습니다. 제자들이 도대체 무슨 일을 듣고 보았기에 이렇게 180도로 바뀌었을까? 성경은 다른 무엇이 아니라 부활한 예수와의 만남이 그들을 그렇게 바꿔놓았다고 적고 있습니다.

그런데 그 체험이 얼마나 강렬했는지 바위와 같이 흔들리지 않는 신념으로 자라났고, 제자들도 마침내 스승과 똑같은 모습으로 죽어갑니다. 그런데 다시 놀라운 일이 벌어집니다. 예수 하나를 죽였더니 어디선가 예수 열이 나타났고, 예수 열을 죽였더니 다시 어디선가 백명, 천 명의 예수가 나왔습니다. 그런 이치를 예수님은 밀알의 비유로 아주 쉽게 설명해주셨습니다. 밀알 하나가 땅에 떨어져 가만히 있으면 그냥 한 알 그대로다. 하지만 묻혀서 죽으면 어떻게 되더냐? 삼십배, 육십 배, 백 배로 늘어나지 않더냐.

말이 나온 김에 덧붙이고 싶은 말씀이 있는데요, 아무나 보고 땅에 묻힐 종자가 되어달라는 소리를 하지 않습니다. 그렇잖아요. 가을에 강변의 모래알처럼 많은 알곡을 거둬들이고 나면 그중에 가장 실하고 튼튼하고 빛나는, 맘 놓고 믿을 만한 하나를 골라 내년에 땅에 묻힐 씨앗이 되어다오 하는 거 아닙니까. 나머지는 다 먹어치우는 거예요. 우리 사회에는 자기를 버려서 세상을 살찌우고 싶어 하는 귀한 분들이 많습니다. 그런데 그런 분들의 기가 너무 꺾이고 있습니다. 워낙 힘든 상황이니까요. 그런 분들이야말로 역사의 종자로 부르심을 받은 분들이니까 우리가 잘 보살펴드려야 합니다. 최근 노동당 부대표 박은지 님처럼 견딜 대로 견디다가 괴로움이 너무 무거워서 그만 말없이 떠나시는 분들이 계세요. 이런 분들을 도와드려야 합니다. 그리고 사리사욕에서 벗어나 공동체를 위해 헌신하고 있는 분들은 자신이 바로 하느님이 골라내신 역사의 밀알임을 알고 자신의 존엄을 소중하게 생각해야겠습니다.

언론, 말 못 하는 감옥에 갇히다

손석춘: 힘을 얻을 수 있는 그런 말씀이시네요. 신부님께서는 "성직자는 언어의 봉사자"라는 말씀도 하셨는데요. 사실 근대 언론이 만들어지기 전에는 성직자들이 요즘의 언론인이었죠? 그 지역, 또는 나라의 여론을 책임지는 존재였는데요. 한국 언론 어떻게 보세요? 새삼 이야기할 필요가 있을까 싶지만.

김인국: 감옥 '옥(獄)'자를 한 번 보세요. 말씀(言)이 왼쪽과 오른쪽에 있는 사나운 개 두 마리 사이에서 꼼짝 못하는 형상입니다. 한 마리는 국가권력이라는, 다른 한 마리는 자본권력이라는 맹견입니다. 저는 이 글자의 생김새 안에 한국 언론의 현실이 들어 있다고 봅니다. 글 쓰고 말하는 언론인들도 사람인데 왜 무섭지 않겠습니까. 하지만 언론인의 펜은 두 마리의 개를 감시하라는 펜이지 아부하라는 펜이 아닙니다.

지금 대부분의 언론이 사회의 공기(空器)가 아니라 흉기(凶器)가 되었다고들 걱정하는데 세상에 가장 나쁜 게 사이비(似而非)입니다. 비슷하지만 진짜는 아닌 그것이 사이비지요. 사이비 중에 최악의 사이비는 말과 글 가지고 장난치는 사람들입니다. 말씀의 봉사자인 우리 종교인들도 똑같이 자성해야지요.

기왕 언론인으로 살아가고 있다면 '말씀의 봉사'가 얼마나 소중한 일인지 아시면 좋겠습니다. 세상에 말보다 강력한 힘은 없습니다. 하느님이 세상을 지어내실 때도 순전히 말의 힘으로만 지으셨어요. 빛이 있어라! 하늘아 땅아 열려라! 새들아, 창공을 날아라 하고 말입니다. 남들이 쌀과 보리를 생산할 때 말을 짓고 글을 쓰는 언론인은 자신의 말과 글에다 참을 담아야 합니다. 농약 범벅인 채소가 위험하다고요? 거짓으로 얼룩진 신문·방송은 비교할 수도 없이 치명적인 독입니다. 하나마나 한 소리라고 하지 말고 명심하셔야 합니다. 전두환

때 봉급이 쑥 올라가면서 기자정신이 흐려지기 시작했다는 손석춘 선생님 말씀이 생각납니다. 그런데요 저들만 그런 것도 아닙니다. 신부들도 궁핍한 생활에서 벗어나면서부터 마음이 많이 물러진 게 아닌가 싶습니다.

손석춘: 사제들도 그런가요?

김인국: 그럼요. 요즘 은퇴하시는 신부님들은 예전에 쌀독이 비어서 수제비 먹고, 국수 먹고 그러셨다고 합니다. 저희로선 겪어보지 않아 잘 모르는 일이지만요. 기자들 봉급이 올라가던 즈음 교회도 살림이 좀 나아졌을 겁니다. 전두환 시절에 교황의 첫 방한이 있었고, 그래서 그랬는지 천주교회 입교자가 폭발적으로 느는 현상이 벌어지고, 성당이 좁아터질 지경이 되니까 성당을 증축하는 곳이 많았어요. 그때가 1980년대 후반입니다. 시기적으로 딱 겹치지 않나요? 어쨌든 교회의 말씀도 마찬가지로 언론의 감옥에 갇혀버렸습니다.

슬픈 일은 대통령만 〈조선일보〉의 논설과 칼럼을 보는 게 아니라, 우리 교회의 고위급 성직자들도 그렇다는 거예요. 그들에게 세상을 내다보는 창이 되는 신문은 조중동 딱 세 개로 국한됩니다. "한 손에는 성경, 다른 한 손에는 신문을!" 이런 구호를 카를 바르트라는 신학자가 말했어요. 그런데 사람들이 성경의 눈으로 신문을 보게 될까요? 아니면 신문의 눈으로 성경을 보게 될까요? 저는 후자의 경우가 훨씬 더 많다고 봅니다. 이렇게 말하면 안 되겠지만 사제들은 하느님의 '말씀'을 다루고, 신문들은 세상의 '말'을 다룹니다. 그런데 보면 '말씀'들이 흔히 '말'들에게 혼쭐이 나요. 가라지의 등쌀에 밀이 쫓겨난다고나 할까요. 말씀의 봉사자인 주교들이 조중동의 말에 휘둘리는 때가 얼마나 많은지 몰라요.

손석춘: 그러고 있죠. 사실.

김인국 : 대표적인 케이스가 4대강 사업으로 논쟁이 벌어지던 때입니다. 그때 조중동이 주교들이 뭘 안다고 함부로 나서느냐고 막 나무랐어요. 2010년 3월 평소 현실 발언을 자제해온 주교단이 정부의 야심 찬 토건프로젝트를 정면으로 반대하고 나섰습니다. "한국 천주교의 모든 주교들은 현재 우리나라 곳곳에서 동시다발적으로 진행되고 있는 4대강 사업이 이 나라 전역의 자연환경에 치명적인 손상을 입힐 것으로 심각하게 우려하고 있다"는 성명서를 내놓았던 겁니다. 그러자 〈중앙일보〉는 "주교들은 완벽한 존재인가?"[7] 하고 따져 물었습니다. 평소 그들이 교회의 지도자들을 얼마

7) 〈중앙일보〉, 2010년 3월 29일자 칼럼, 김진의 시시각각, '주교들은 완벽한 존재인가'

나 깔보고 무시했는지 그 속내를 보여준 기사라고 봤어요. 내용을 간추리면 이렇습니다.

"4대강 사업은 과학의 문제, 수자원·토목학의 문제"인데 "종교기구인 주교회의가" "무슨 근거로 '치명적인 손상'이라고 판단하는가." "정부가 말을 잘하지 못한다고 해서 정부가 의존하는 과학과 기술이 틀렸다고 단정할 수는 없는 것이다. 주교회의는 보다 신중해야 했다. 국민 앞에 성명을 내놓기 전에 문제점을 과학적으로 파고들었어야 했다." 토목 전문가도 아닌 주교들이 "무슨 근거로 '치명적인 자연 손상'이라고 국민에게 얘기하는가. 이성의 시대엔 사제들도 이성적이어야 한다."

전문가도 아닌 주제에 터무니없는 참견으로 주교들이 국민을 혼란에 빠뜨리는 경거망동을 범했다는 게 요지입니다. 이렇게 공개적으로 주교들을 야유하고 모욕했지만 따지는 이가 없더라고요. 그런데 2010년 3월에 나온 이 칼럼의 논조를 그대로 옮겨서 말한 교회 지도자가 있었어요. 2010년 7월, 그리고 12월 두 차례나 정진석 추기경이 주교단의 입장과 다른 발언을 해서 아주 힘들었는데 그때 추기경이 하는 말이 "4대강 사업은 과학의 영역이고, 주교들은 전문가가 아니다"라는 말을 해요. 정 추기경이 〈중앙일보〉 논설위원 김진의 말을 그대로 따라 하는 것을 보고 저는 소름이 끼쳤습니다. 이런 수모를

겪었으면 신문 절독운동이라도 벌였어야 하는데, 조계종 같았으면 바로 그랬을 겁니다만 주교님들 가운데 열독 신문을 바꾼 분이 있다는 소리는 아직도 듣지 못했습니다.

손석춘: 그런 신문을 보면 세상에 대해 잘못 아실 수 있다는 이야기를 해드렸나요?

김인국: 그럴 엄두도 내지 못했습니다.

손석춘: 텔레비전은 안 보시죠? 신부님.

김인국: 안 봅니다.

손석춘: 그런데 지역사회에서 지내시다 보면, 아무래도 주민들하고 소통을 하셔야 되잖아요. 주민들이 여전히 드라마에 많이 매몰되어 있죠?

김인국: 한국이 드라마 천국이라고 하더군요. 삶이 팍팍하니까 그거 보는 순간만이라도 세상을 잊고 싶어서 그럴까요?

손석춘: 그런 측면이 분명히 있겠지요. 어쩌면 바로 그래서 아편처럼 위험할 수도 있고요. 실제로 텔레비전 드라마나 재미있는 프로그램들이 사람들로 하여금 쌍용자동차나 기륭전자, 국정원의 대선개입에 관심 없게끔 만드는 기제로 작동하고 있어 보여 안타깝습니다. 신부님께서 텔레비전은 안 보시니까 그냥 넘어가죠. 〈한겨레〉, 〈경향신문〉은 어떻게 보세요?

김인국: 2007년 말 비자금과 불법로비 등으로 삼성이 궁지에 몰렸을 때 조중동은 짭짤한 광고 수입을 올린 반면 가장 적극적으로 문

제에 접근했던 〈한겨레〉와 〈경향신문〉은 삼성 광고가 끊기는 바람에 굉장히 어려웠습니다. 그런 현실을 감안하면서 〈한겨레〉, 〈경향신문〉을 애틋하게 바라보고 있습니다만 가끔 실망스러울 때가 있습니다. 미안하지만 더 잘 하셔야 한다고 말씀드리고 싶습니다. 왜냐하면 우리나라에서 신문이라고 부를 수 있는 진짜 신문이 딱 둘뿐이잖아요. 다른 건 다 일보(日報)고. (웃음) 젖 먹던 힘이라도 내서, 안간힘을 써서 더욱 자유언론을 실천해야 합니다.

손석춘: 삼성 사태 때부터 계속 싸움 현장에 있으셨는데, 두 신문에서도 보도가 생각했던, 기대했던 것만큼은 잘 안되었죠?

김인국: 서운할 때도 많고, 화날 때도 많습니다. 누구 눈치를 보느라고 그러는지 잘 모르겠습니다.

손석춘: 저도 그게 아쉽더라고요. 왜 안 하는지. 치열한 열정을 지닌 언론인들이 의외로 많이 없어 보여요. 장강의 물결처럼 이어져가는 모습이 보여야 하는데, 가끔 후배 언론인들을 보면 왜 저럴까 싶을 때가 있어요. 저도 나이가 들어가면서 조금씩 '꼰대'가 되어 가는지 모르겠습니다. (웃음) 가톨릭 성직 내부는 어떠세요. 괜찮아요?

김인국: 저희도 마찬가지죠. 점점 근기가 약해져요. 근기라는 게 꾹 참아내서 견뎌내는 힘이고, 사람의 근본이 되는 기운 아닙니까. 게다가 밖에 나가서 몸을 움직여야만 길러지는 힘인데 틀어박혀 있으면 자기도 모르게 새나가고 맙니다. 사제 양성 과정에서부터 날카로운 비판의식과 맹렬한 저항의식을 길러야 하는데 대개는 고분고분한 순응을 요구받습니다. 예전에는 신학교 담장 안에서 살더라도 밖에서 불어오는 후끈한 민주화 투쟁의 열기를 공급받으며 세상에 눈을 뜰 수 있었는데 지금은 너무나 곱상하게 크고 있습니다. 그런데 고맙게도 정의구현사제단에는 젊은 신부들이 끊이지 않아요.

손석춘: 아, 그렇습니까?

김인국: 많지는 않지만, 젊은 후배들이 계속 나오고 있습니다.

손석춘: 반갑고 힘이 되네요. 언론 쪽은 그렇게 낙관적이진 않아요. 이를테면, 언론노조, 그게 잘 안 되는 모습이 보여요. 저도 이제 밖에서 보는 것이기에 정확하지 않을 수는 있겠지만, 젊은 친구들이 언론노동조합에 관심이 없어 보여요. 언론노조 못지않게 중요한, 아니 더 중요한 전교조도 마찬가지고요. 아마 신부님들도 말씀 많이 들으셨을 텐데, 젊은 교사들이 전교조에 잘 안 들어와요. 걱정이죠. 다시 언론 상황으로 돌아오면 예전에는 나는 〈한겨레〉나 〈경향신문〉만 갈 거라며 조중동 시험을 안 보는 친구들이 많았는데, 요즘에는 그렇지도 않은 것 같아요.

김인국: 어디에든 붙고 봐야 한다고 생각하니까요.

손석춘: 오히려 〈한겨레〉나 〈경향신문〉 시험은 안 보겠다는 친구들도 있어요. 월급이 적다는 건데요. 창간 초기 한 5년은 가장 들어가기 어려운 곳이 〈한겨레〉였는데, 요즘은 그렇지 않은 듯해요. 그래서 이런 흐름이 앞으로 조금씩 언론노조 운동에도 영향을 주지 않을까 걱정되는 거죠.

김인국: 그런데 선생님은 왜 그만두셨어요, 벌써 그럴 때가 됐나요?

손석춘: 아, 아니에요. 끝나고 이야기하죠. (웃음)

김인국: ….

손석춘: 사실 그렇게 피할 문제는 아닌데요. 이미 공개된 적도 있었

고, 아예 지금 말씀을 드리지요. 제가 〈한겨레〉 논설위원 시절에 사설 쓰고 칼럼 쓰면서 명예퇴직, 구조조정, 신자유주의에 대해 내내 비판을 했었거든요. 그런데 한겨레신문사 내부에서 구조조정을 하겠다고 나서더라고요. 그때 회사 경영 형편이 어렵다면서 시작한 건데 2004년이었어요. 물론 반대하는 사람들도 있었어요. 구조조정을 하는 건 옳지 않다, 더 나누자, 쪼개서 같이 살아가자는 사람들도 적지 않았지요. 결국 투표로 결정을 했어요. 그런데 필요하다는 의견이 더 많이 나왔어요. 그때 제가 논설위원실에서 가장 젊었거든요. 2004년이었으니까요. 신문사 창간할 때 대변인 하던 선배까지 짐을 싸더군요. 명예퇴직 신청을 한 거예요. 젊은 후배들 가운데 일부는 사내게시판에 나이 든 선배들이 월급만 많이 챙긴다며 내놓고 비난하는 글을 올리더군요. 물론, 익명이지만 참 씁쓸했어요. 과거 군부독재 시절에 해직을 당했던 선배들이 짐을 쌌죠. 그 모습 앞에서 사설이나 칼럼으로 구조조정, 명예퇴직, 이런 거 안 된다고 썼던 제가 가만있기 어렵더라고요. 사내게시판에 "저도 사표를 씁니다"고 밝혔죠. 그리고 제가 사표 쓰는 이유는 〈한겨레〉에서 다시는 이런 일이 있어서는 안 된다는 경고를 하기 위해서라고 말했어요. 후배들에게 분명하게 당부했죠. 그래서 그때 그만뒀어요. 다만, 당시 비상임 논설위원 제도를 도입한다기에 비정규직으로 계약을 했지요. 그런데 제가 노동조합 위원장 할 때 특히 사내 고위층들과 관계가 썩 좋지 않았어요. 비상임으로 제가 맡은 분야의 사설을 쓰면서 1년 지나니까 그만두라고 하더라고요. 경영진의 해직 통보에 후배들이 들고일어났어요. 서명 작업을 벌였고요, 1년 전에 고통분담 차원에서 나간 선배인데, 왜 계약을 해지하느냐면서 계약 해지하는 당신들이 나가라, 고통분담도 하지 않았던 당신들 아니냐는 성명서도 나왔지요. 그게 언론 내부 소식지, 〈미디어 오늘〉에도 실리고 〈기자협회보〉에도 실리고 그랬어요. 그랬더니 저를 계약 해지하려고 했던 선배가 태도를 바꾸더군요. 그래서 다시 계약할 때는 앞으로는 계속하는 줄 알았어요. 그런데 1년 뒤에 그 선배가 저에게 또 그만두래요. 그래서 조용히 그만뒀어요. 다시 사내게시판에 "또 저보고 그만두라는데, 제가 여기서 또 싸우면 한겨레신문의 대외적 이미지가 안 좋아질 것 같아서 조용히 물러나겠습니다"라고 했어요. 그렇게 나온 게 2006년 12월이죠. 그러니까 정규직에서는 제가 사표를 냈고, 비정규직에서는 해직된 거고, 그렇습니다. (웃음) 저를 해직한 사람은 정년 다 채우고 나갔죠. 왜 그런 짓을 했는지 저는 솔직히 지금도 그 양반의 생각을 모르겠어요. (웃음) 너무 길었네요. 이제 다시 본론으로 들어오죠. 그럼 앞으로 이 나라에서 어떻게 살아가야 할까를 논의해보죠.

우리 시대 정치와 통일

김인국: 여기 이 책 『복음의 기쁨』에 "무덤의 심리학"이라는 표현이 나오는데….

손석춘: 교황께서 쓰신 표현인가요?

김인국: 네, 그렇습니다. 망조가 든 세상, 썩어버린 교회, 거기다가 자신의 모습에 대한 환멸까지 겹쳐 희망이 없는 막연한 슬픔으로 도피하려는 현상을 '무덤의 심리학'이라고 부르고 있습니다. 교황은 하지만 그것은 무서운 유혹이니 주저앉지 말고 맞서 싸우라면서 "복음화의 기쁨을 빼앗기지 않도록 하자"고 그래요.

손석춘: 핑계죠, 사실.

김인국: 교황님은 그 점을 지적합니다. 조금만 읽어볼까요. "세상의 악이 그리고 교회의 악이 우리의 헌신과 열정을 줄이는 핑계가 되어

서는 안 됩니다. 그러한 악을 우리의 성장을 돕는 도전으로 받아들입시다. 우리의 신앙은 밀이 어떻게 가라지들 가운데에서 자랄 수 있는지를 식별하도록 요청받고 있습니다."(84항) 오늘 우리가 자본독재와 힘겹게 싸우고 있는데 나라를 되찾으려고 재산을 팔아 만주로 가서 독립운동 하던 어른들, 박정희와 싸우고 전두환하고 싸우던 선배들의 세월에 비하면 그래도 좀 나은 거 아닌가요?

손석춘: 그렇죠. 그때는 사형도 당하고 그랬으니까요.

김인국: 미친 척 자기 똥을 먹고서 감옥을 빠져나온 분[8]도 있었는데 우리가 물러터지면 안 되겠습니다.

8) 독립운동가이자 사회주의운동의 지도자 박헌영을 이른다(손석춘, 「박헌영 트라우마」, 철수와영희, 2013)

손석춘: 그렇군요. 그럼 구체적으로 짚어볼까요? 한국 정치는 앞으로 어떻게 풀어가야 할까요?

김인국: 많은 사람들이 벌써부터 하는 소리인데 한국 정치의 발전을 위해서는 새정치(민주연합)와 새누리당이 합당하는 날이 얼른 와야 합니다. 이름도 '새'항렬이던데. 새누리와 새정치가 모이면 딱 유유상종 아닌가요? 새들의 정치. 안철수도 그 범주에 들어가야 하고요. 기러기 안(雁)이니까. 그렇게 뭉쳐서 수구 세력이 진짜 보수당으로 거듭나고, 노동당·정의당·통합진보당·녹색당 등 진보 4당이 하나의 진보정당으로 나서서 정치의 균형을 이뤘으면 좋겠습니다.

손석춘: 안철수 신당이 민주당과 합치면서 안철수 쪽이 6·15공동선언은 물론, 5월항쟁까지 빼자고 제안[9]한 모습을 보며 바닥이 드러나는 느낌이 들더군요.

김인국: 안철수는 갈수록 실망스럽습니다. 수구동맹체제에 맞서 벼랑 끝에 놓인 사람들을 지켜주기에는 너무나 허약하고 허술해 보입니다.

손석춘: 진보정당들은 지리멸렬해 있는데요, 진보통합을 잘 해보려고 대통합시민회의 일도 했었는데, 결국 뜻대로 안 됐어요. 신부님은 어떻게 보고 계신지요.

김인국: 노동자들이 강제 해고를 당하듯이 진보정당들이 강제로 구조조정을 당하는 국면인데 될 대로 되겠지 하고 가만 놔두면 안 됩니다. 어떤 상황에서든 무조건 편드는 엄마의 마음으로 진보정당의 활동가들부터 바라봐주어야 합니다. 격무에 생활고에 시달리면서도 약자들의 마지막 지푸라기가 되려고 버티는 분들이니까요.

손석춘: '엄마의 마음'으로 따뜻한 시선을 잃지 말고 보자는 말씀이죠. 그런데 제가 대학에서 학생들을 일상적으로 만나보니까 의외로 대북문제에 민감해요. 이를테면 북쪽의 정치체제, 특히 후계체제와 관련된 문제는 도저히 이해할 수 없어 해요. 그런 상황이기에 '종북'이라는 말도 상당히 '효력'이 있는 양상이 목격되더군요. 그동안 운동을 해오시며 많은 분들과 이야기도 나누었을 텐데 신부님 보시기에 통일운동은 앞으로 어떻게 해나가야 옳을까요?

김인국: 이명박에 이어 박근혜가 광속으로 남북의 화해, 유무상통의 기조를 무너뜨리고 있잖아요. 무인정찰기 몇 대에 그렇게 호들갑을 떨면서 시민들을 공포에 몰아넣기도 하고요. 그런데 김대중, 노무현 민주정부 10년 동안 사람들은 이미 통일을 맛봤다는 사실을 잊지 말았으면 해요. 사람들이 금강산 찾아가고, 개성 달려가고, 백두산에 오르던 그 맛을 생생하게 알고 있어요. 박근혜부터 그 맛을 알기에 "통일 대박"을 외치는 겁니다. 박근혜가 집권함으로써 도로 이명박이 되고 말았지만 역사의 진도는 착실하게 앞으로 나가고 있습니다. 지금은 여러 가지로 암담하지만 나중에 보면 그것 또한 통일로 가는 여정이었다는 걸 알게 될 겁니다. 금강산, 개성 오가는 길에 지금 잡초만 무성하지만 일단 열린 길은 없앨 수 없습니다. 개구리가 움츠릴 때는 크게 한 번 도약하려는 거 아닙니까. 믿음을 갖도록 합시다.

손석춘: 신부님 평양 다녀오셨나요?

김인국: 네. 이명박 정부가 등장하던 2008년 그해 8월에 갔습니다.

손석춘: 어땠어요? 신부님이 보신 평양은?

김인국: 금강산도, 개성도 여러 차례 가봤지만 평양은 역시 특별한 곳이지요. 북측이 보낸 전세기를 타고 김포에서 출발하는 순간부터 설레다가 순안공항에 내리는 순간, 뭐라고 말하기 어려운 감정에 휩싸였습니다. 저도 모르게 긴장을 했던 것 같고요. 평양 시민들을 가깝게 만나보지 못해 아쉬웠지만 사람 사는 게 비슷하구나 하는 느낌을 많이 받았고 장충성당에서 그곳 교우들과 미사를 드리면서 굉장히 기뻤습니다.

손석춘: 평양만 계셨었나요?

김인국 : 아니요, 묘향산과 백두산에도 갔습니다. 잘 다녀와서는 몸살을 앓았습니다. 저처럼 처음 방북했던 다른 분들도 비슷하게 고생을 했다는 소리를 들었습니다.

손석춘 : 어떤 몸살이었는지 궁금한데요?

김인국 : 거기도 사람 사는 곳이니까 크게 다르지 않았지만 오랜 세월 동안 만나지 못하는 동안 생겨난 이런저런 차이에 절반쯤은 놀라고 절반쯤은 서운해서 그랬던 것 같습니다. 그리고 우리와 다른 것을 틀려먹은 것으로 규정하도록 하는 교육 때문인지도 모르지요. 어쨌든 돌아와서 심하게 앓았습니다. 다시 가면 훨씬 낫겠지요.

갈릴래아, 우리 거기서 만나자

손석춘 : 우리 젊은이들에게 해주고 싶으신 이야기가 있으면 말씀해 주시죠.

김인국 : 오늘날 우리 삶의 자세가 얼마나 어떤지 한 번이라도 돌아보자고 말하고 싶어요. 지하철에서 보세요. 대부분의 사람들이 손바닥만 한 화면에 시선을 고정하고는 통 주변을 돌아보지 않잖아요. 그래서 옛날처럼 지하철에서 물건 파는 사람들도 없고요. 타인을 외면하고 익명하고만 접속한다는 말이 맞아요. 그래서 자신의 이해가 닿지 않는 문제에 대해선 아무 관심도 갖지 않습니다. 이게 얼마나 무서운 병인지 아셔야 하는데, 무서운 속도로 도시를 약탈해가는 지배자들이 활약하기엔 딱 좋은 환경입니다. 이른바 무관심의 세계화! 성당의 청년들도 술 먹으러 가자고 하면 우르르 몰려들지만 봉사하러

가자고 하면 썰물처럼 빠져나가요. 오병이어의 예수는 좋은데, 십자가의 예수는 싫다는 겁니다. 서로 돌아보면서 살아야만 나나 훗날의 내 아이들이 위험에 빠지더라도 누군가 달려와 줄 수 있습니다. 진짜 갖추어야 할 스펙은 '강 건너 불구경'이라도 해주는 그 마음씨라는 말을 꼭 해주고 싶군요.

손석춘: 마지막으로 신부님 앞으로 어떤 계획을 가지고 살아가실 생각이세요?

김인국: 즐기며 사는 게 최고라니까 저도 무조건 즐겁게 기쁘게 살래요. 세상의 기쁨 말고 복음의 기쁨으로요. 아파하는 사람들을 위로하려면 우리부터 기가 뿜어져 나갈 정도가 돼야 해요. 기가 뿜어져 나가는 게 기쁨이니까 어떤 놈들에게도 나의 행복, 나의 기쁨, 나의 아름다움을 빼앗기지 않아야지 합니다. 좋은 세상이 온 다음 그때 가서 행복하게 살겠다고 하면 영영 슬프고 답답하게 지내다 갈 것 같아요.

손석춘: 사실 세상을 바꿔가는 데 작은 힘을 보태는 일은 즐겁고 기쁜 일이지요. 대담 마무리를 겸해서 사적인 물음 던져보겠습니다. 신부님은 구체적으로 삶의 어디서 기쁨을 얻으세요?

김인국: 요즘은 한창 말 배우는 조카들이 기쁨을 줍니다. 나이가 차서 그런지 예전에는 모르던 즐거움을 맛봅니다. 이 어린 아이들이 앞으로 살아갈 날을 생각하면 아찔해질 때가 많아요. 이 살벌한 세상을 물려주면 어떻게 하나 싶어서요.

손석춘: 신부님이 가장 좋아하는, 또는 가슴에 새겨둔 성경 구절은 어떤 건가요?

김인국: 신부 될 때 정했던 서품성구가 있어요. "갈릴래아에서 만나리라!" 마르코 복음 16장 7절인데 제게 언제나 희망을 주는 말씀입니다. 예수님이 부활해서 제자들에게 상봉 장소를 정해주시면서 하신 말씀입니다. 돈 많고 잘난 놈들 몰려 사는 예루살렘이 아니고 못난이들이 오순도순 살아가는 갈릴래아, 우리 거기서 만나자. 이렇게 말씀하셨거든요. 저는 이 대목이 참 좋아요. 1991년 신부가 될 때 앞으로 이 말씀을 모토로 삼고 살아가면 되겠다고 생각했습니다.

손석춘: '갈릴래아'는 고통받는 민중이 살아가는 곳의 상징이군요. 사실 예수는 "가장 보잘것없는 사람에게 한 일이 내게 한 일"이라고 말했지요. 우리가 부활한 예수를 만날 수 있는 곳도 '갈릴래아'라고 생각됩니다. 다음 세대에게 '살벌한 세상'을 물려주지 않기 위해 새로운 독재와 맞서는 곳, 바로 그곳이겠지요. 긴 시간 대담 수고 많으셨습니다.

새로운 독재와 맞설 때

그림엽서가 저절로 떠오르는 옥천성당에서 김인국 신부와 조곤조곤 나눈 이 야기는 밤이 깃들 무렵에 끝났다. 김 신부는 시간이 늦어 그냥 서울로 보낼 수 없다며 함께 성당에서 식사하자고 제안했다.

마침 휴가차 와 있던 김 신부의 동생 수녀님과 누님까지 와계셔서 정갈한 '진 수성찬'이 나왔다. 고향 어머니가 차려주신 식탁이 짙은 향수로 떠오를 만큼 입 맛에 맞았다. 옥천의 '터줏대감'으로 풀뿌리 지역운동을 선구해온 오한흥 선 생도 늦게 합류해 함께했다. 더불어 식사하는 즐거움을 베풀어주신 새맑은 수 녀님과 누님께 감사드린다.

김 신부에게 나는 철수와영희에서 출간한 '진보재구성' 책 『그대 무엇을 위 해 억척같이 살고 있는가』와 『박헌영 트라우마』를 드렸고, 답례로 프란치스코 교황이 저술한 『복음의 기쁨』과 교황의 강론집 『네 형제가 어디 있느냐』를 받 았다.

성당으로 가는 길에 나는 '들어가는 말'에서 밝혔듯이 네 가지 물음을 품었 다.

첫째, 정의구현사제단이 2013년 11월에 박근혜 대통령의 퇴진을 요구한 것은 적실한가?

둘째, 퇴진 요구를 꼭 전주성당에서 시작해야 옳았을까?

셋째, 박창신 신부의 '연평도 발언'은 옳은가? 그 발언을 언론이 왜곡했다고만 비판하며 냉철하게 짚고 가지 않아도 좋은가?

넷째, 대통령의 임기가 아직 초반인데 앞으로 어떻게 퇴진운동을 벌여나갈 것 인가?

다섯째, 프란치스코 교황의 '새로운 독재' 비판에 가톨릭은 어떻게 부응할 것 인가?

다섯 물음에 대해 김인국 신부의 대답을 여기서 요약하는 것은 독자에 대한 예의가 아니라고 생각한다. 굳이 답을 정리하지 않는 이유는 독자들이 주체적 으로 판단하길 바라기 때문이다.

중요한 것은 박근혜 대통령의 '소통 거부'다. 사제단이 밝혔듯이 박 대통령 은 국정원의 대선개입이라는 반민주적 범죄에 대해 털고 갈 수도 있었다. 하지 만 소통을 거부하면서 지금은 대통령 자신이 핵심 당사자가 되고 있다. 반민주적 범죄를 은폐하는 또 다른 범죄 혐의를 받을 수밖에 없기 때문이다.

소통을 거부하며 반민주적 범죄를 모르쇠 하는 정권, 그러면서 전국교직원노조와 철도노조를 비롯해 사무직, 생산직 노동조합 운동을 탄압하고 기업들의 규제 완화에 발 벗고 나서는 정권, 불통과 규제완화의 그들[10]은 프란치스코 교황이 말한 '규제 없는 자본주의'와 정확하게 일치한다.

지금은 바로 그 '새로운 독재'와 싸울 때가 아닐까. 규제 없는 자본주의를 '규제 완화'라는 이름으로 밀어붙이며, 반민주적 선거범죄까지 주권자인 국민과의 소통을 거부하는 행태는 명백한 독재다. 저 '한국형 새로운 독재'에 맞서 이 땅에 정의를 구현할 주체는 사제들만이 아니다. 2014년으로 창립 40돌을 맞은 정의구현사제단과 손 맞잡을 이 책, 대자보의 독자들이다.

손석춘 드림

10) 이 책의 초고를 넘기고 원고를 교정하던 2014년 4월, 인천항을 떠나 제주도로 수학여행을 가던 안산 단원고 학생들을 비롯해 300여 명이 잔잔한 바다에서 초대형 여객선 '세월호'의 침몰로 사망·실종됐다. 세월호 참사의 직접적 원인은 선장과 선원들의 무책임한 행태라고 볼 수 있지만, 근원적 책임은 정부의 규제 완화에 있다. 이명박 정부가 해운사들의 요구를 받아들여 선박 운항 연령을 20년에서 30년으로 늘리고, 박근혜 정부가 선박 안전관리 이행의무를 줄여주는 따위의 '규제 완화'를 하지 않았다면 참사는 일어나지 않았을 터다. "불통과 규제 완화의 그들"을 '새로운 독재'로 규정하며 맞서 싸울 때라고 쓸 때, 너무 과도하지 않을까 우려도 했지만, 현실은 '날벼락'으로 그 독재와 싸워야 할 절실함을 입증해주었다. 문제는 세월호 이후의 세월이다. 생때같은 수많은 청소년들을 차가운 바다에 묻고도 우리가 그 원인을 '신자유주의식 규제 완화'에서 찾지 못한다면, 그래서 앞으로도 아무런 정치적 변화를 일궈내지 못한다면, 국제사회는 우리를 어떻게 볼까? 아니, 우리 후손들은 오늘의 우리를 어떻게 판단할까? 이 책 대자보를 띄우며 독자와 진솔하게 나누고 싶은 곡진한 물음이다.